Lithographien und Reisetagebuch von David Roberts

ÄGYPTEN

GESTERN UND HEUTE

KARL MÜLLER VERLAG

David Roberts. R.A.
L. Haghe Lith.

Grand Portico of The Temple of Philæ — Nubia

Interior of the Temple of Aboo Simbel
Nov. 9th 1836 – Nubia

David Roberts R.A.

View from under the Portico of Temple of Edfou - Upper Egypt

David Roberts. R.A.
L. Haghe. lith.

2-3 *Das Innere des Isis-Tempels auf Philae.*

4-5 *Das Innere des Großen Tempels in Abu Simbel.*

6-7 *Der Pylon des Tempels von Edfu, von der Vorhalle aus gesehen.*

8-9 *Die Vorhalle des Tempels von Edfu.*

Litographien und Reisetagebuch von David Roberts

ÄGYPTEN
GESTERN UND HEUTE

INHALT

Der Verlag bedankt sich für die freundliche Unterstützung durch: Nabil Osman, Präsident der ägyptischen Anstalt für Information; Gamal Shiafik, vom Cairo Press Center; Ahmed Aly Abod El geit,Botschafter der Arabischen Republik Ägypten in Rom; Ali Hashem, Leiter des Pressebüros der Botschaft der Arabischen Republik Ägypten in Rom; Bernard Shapiro.

Text: Fabio Bourbon

Fotos: Antonio Attini

Redaktion: Valeria Manferto De Fabianis

Gestaltung: Anna Galliani

Übertragung aus dem Italienischen: Claudia Theis-Passaro

ISBN 3-86070-528-8

5 4 3 2 1 96 97 98 99 00

Einleitung

David Roberts war nicht nur ein ausgesprochen begabter Künstler mit ausdrucksstarker Originalität, sondern unbestritten auch eine große Persönlichkeit. Der in den Außenvierteln von Edinburgh zur Welt gekommene Sohn einer in ärmlichen Verhältnissen lebenden Familie verstand es, sich aus den Fesseln seiner bescheidenen Herkunft zu befreien: Ihm wurden Würdigungen aller Art zuteil, und er erlangte Weltruhm. Seine bewundernswerten Ansichten der Fori Imperiali in Rom oder der gotischen Kathedralen in Spanien, die eindrucksvollen monumentalen Detailansichten der Pharaonentempel im Niltal wie auch die seiner Heimat Schottland gewidmeten Zeichnungen sind dem Kunstexperten ebenso vertraut wie dem Liebhaber schöner Dinge, der auch ohne akademische Vorbildung intuitiv Roberts' Linienführung zu würdigen weiß. Der Eindruck einer großartigen Komposition, den jede Darstellung vermittelt, die unverwechselbare bildliche Detailtreue, die auch das bescheidenste Motiv veredelt – so finden sich in diesem Band auch Darstellungen einfacher Frauen und Männer aus dem Volk – haben die Menschen ihrer Zeit überzeugt. Bereits zu Lebzeiten wurde der Künstler von privaten Mäzenen gefördert, und das Interesse der Kunstsammler an seinen Werken ist bis heute stetig und konstant gewachsen. Selbst die Fachkritik, die noch in den ersten Jahrzehnten des 20. Jahrhunderts aus unerfindlichen Gründen abfällig über ihn geurteilt und ihm allenfalls zugestanden hatte, ein begabter Handwerker zu sein, hat ihn in jüngster Zeit wieder als Meister der englischen Romantik des 19. Jahrhunderts aufgewertet. Auch wenn sein vielfältiges Werk die unterschiedlichsten Bildmotive umfaßt, sind es vor allem die Lithographien über den Nahen Osten, denen David Roberts seine heutige Berühmtheit verdankt. Der vorliegende Band enthält 124 Abbildungen aus den von Francis Graham Moon zwischen 1842 und 1849 in London veröffentlichten Bänden mit dem Titel „The Holy Land, Syria, Idumea, Egypt and Nubia". Jedem Bild wurde eine Fotografie von Antonio Attini beigefügt, einem jungen Reporter der sich mehr als eineinhalb Jahrhunderte nach Roberts' Reise bemüht hat, die gleichen Bildausschnitte zu finden, eine Art unwirkliche Reise zwischen Vergangenheit und Gegenwart. Eine Ausnahme bilden dabei natürlich Baudenkmäler, die inzwischen zerstört sind, oder die von ihrem Originalstandort entfernt wurden und einige örtliche Gegebenheiten, die mittlerweile nicht mehr historisch nachzuvollziehen sind. Obwohl schon vor ihm zahlreiche Europäer Ägypten besucht hatten, um die Überreste der Vergangenheit zu entdecken, war Roberts doch der erste, der sich eine systematische Erkundung der wichtigsten Baudenkmäler des Landes – sowohl der ägyptischen als auch der islamischen – zum Ziel gesetzt hatte, um sie auch der Öffentlichkeit zugänglich zu machen. Vor ihm hatte niemand mit solcher Sorgfalt die Tempel, Nekropolen, Moscheen und Minarette abgebildet, wobei er sich mit einer Präzision um die Wiedergabe aller Einzelheiten bemühte, die man

heute als fotografisch bezeichnen würde. Unter diesem Blickwinkel gesehen scheint es paradox zu sein, daß das Echo seiner Arbeit zumindest teilweise von einer Erfindung in den Schatten gestellt wurde, die ihren Durchbruch in dem Jahr erlebte, als Roberts seine Reise nach Ägypten und in das Heilige Land unternahm: Im Jahr 1838 nämlich gelang dem Franzosen Louis-Jacques Daguerre die erste fotografische Abbildung mit Hilfe

Nach langem Suchen und ausgiebigen Verhandlungen fand Roberts in Francis Graham Moon das seinem Projekt angemessene Interesse vor; um den Druck seines monumentalen Werkes zu finanzieren, macht Roberts private Subskriptoren ausfindig, die die großformatige und handkolorierte Luxusausgabe der Lithographien erhalten sollten. Auf der Basis der vor Ort angefertigten Skizzen und mit Hilfe seines guten Gedächtnisses erstellte Roberts von 1842 an bis 1849 die Bilder, die Louis Haghe nach und nach in die monatlich veröffentlichten Drucke umwandelte. Das Gesamtwerk bestand schließlich aus sechs Bänden in Folio, die 247 Abbildungen einschließlich der sechs Frontispizien umfaßten. Die ersten drei Bände waren der Königin Viktoria gewidmet und trugen den Titel: „The Holy Land, Syria, Idumea, Egypt and Nubia", sie enthielten hauptsächlich die Motive, die Roberts während der zweiten Hälfte seiner Reise von der Sinaihalbinsel bis Beirut gezeichnet hatte; im Original waren die Bilder von Reverend George Croly kommentiert. Die anderen drei Bände, dieses Mal dem König von Frankreich, Ludwig Philipp, gewidmet, erschienen unter dem Titel „Egypt and Nubia, from drawings made on the spot by David Roberts, R.A.". Diese Lithographien zeigten die monumentalen Baudenkmäler des pharaonischen Ägyptens und die Moscheen von Kairo; die Anmerkungen waren hier von William Brockedon. Die hier gezeigte Abbildung entstand nach einem Treffen mit dem Pascha von Ägypten, als Roberts nach seiner Rückkehr von Beirut am 16. Mai 1839 in Alexandria einen Zwischenstop einlegte. Dieses informelle Treffen, das der englische Konsul in Kairo Oberst Campbell organisiert hatte, dauerte etwa 20 Minuten und hinterließ bei dem Künstler eine unauslöschliche Erinnerung. Roberts trug weder Papier noch Stifte bei sich und mußte daher die Szene aus der Erinnerung heraus malen. Der Pascha, links im Bild, sitzt mit gekreuzten Beinen, hinter ihm stehen seine engsten Mitarbeiter; auf dem Sofa, rechts, sitzen Oberst Campbell, Oberleutnant Waghorn, Roberts selbst – leicht nach vorn gebeugt – und zwei englische Offiziere.

einer Kupferplatte. Die in diesem Band abgebildeten Lithographien, die von Louis Haghe unter Mithilfe seines Bruders und einiger anderer Mitarbeiter außerordentlich fachkundig erstellt wurden, gehören zu der von Hand kolorierten Luxusausgabe, die auf Subskription einiger Prominenter der damaligen Zeit aufgelegt wurde: Die Zahl der gedruckten Exemplare ist unbekannt, aber viele werden es sicherlich nicht gewesen sein. Die zweite Auflage erschien in den Farben schwarz, ocker und weiß, ihr folgten zahlreiche weitere Neuausgaben in reduziertem Format.

Die Lithographien sind in möglichst strenger chronologischer Reihenfolge angeordnet, von der Ankunft Roberts' im ägyptischen Alexandria am 24. September 1838 bis zur Abreise von Kairo am 6. Februar 1839. Bei dem Versuch, die Reiseerlebnisse Roberts' zu rekonstruieren, haben wir seine Reiseroute in drei unterschiedliche Abschnitte aufgeteilt, die auf der nebenstehenden Karte in unterschiedlichen Farben hervorgehoben sind; zu jedem Abschnitt gehört ein eigenes Kapitel. Es geht uns bei dieser Aufteilung nicht darum, um jeden Preis eine Katalogisierung durchzusetzen, denn Roberts selbst verdeutlicht in seinem Reisetagebuch, daß er diese lange Erkundungsreise durch Ägypten nach einem ganz bestimmten Programm geplant hatte, das von drei unterschiedlichen Phasen ausgeht. Roberts verfügte weder über die Zeit noch über die finanziellen Ressourcen, um sich den Luxus von Verzögerungen irgendwelcher Art leisten zu können; außerdem war er sich sehr wohl darüber bewußt, daß von dem guten Ausgang seines Vorhabens sein Erfolg als Künstler und somit seine Zukunft abhing. Von Alexandria reiste er also nach Kairo und von hier ohne größere Verzögerungen nilaufwärts in Richtung Abu Simbel, wobei er sich nur die nötigsten Aufenthalte genehmigte. Nachdem er wohlbehalten sein ersehntes Ziel, den berühmten Felsentempel Ramses' II. im Herzen Nubiens, erreicht hatte, konnte er die Rückreise entspannter antreten, aber auch dabei hielt er sich nie länger als notwendig irgendwo auf. Der lange Aufenthalt in Kairo schließlich war ganz den Meisterwerken der islamischen Kunst gewidmet, die er mit der gleichen Sorgfalt dokumentieren wollte, wie vorher die großartigen Baudenkmäler des pharaonischen Ägypten. Die Ergebnisse der Wochen, die er in der ägyptischen Hauptstadt verbrachte, bevor er sich auf die Reise zum Heiligen Land aufmachte, übertrafen dann auch tatsächlich seine eigenen Erwartungen. Auf dem Hintergrund dieser Feststellungen ist es kein Zufall, daß jedes Kapitel des vorliegenden Bandes mit einem der drei Frontispizien beginnt, die in der ersten, von Graham Moon veröffentlichten Ausgabe erschienen sind: Die Bilder beziehen sich auf die drei Orte, die sich am meisten in Roberts eingeprägt haben – Abu Simbel, Karnak und Kairo. Die ursprüngliche Aufteilung des Werkes in drei Bände hat uns ebenfalls in unserem Versuch bestärkt, diese von Roberts erlebte einzigartige künstlerische und menschliche Erfahrung nochmals im Hinblick auf die chronologische Abfolge zu bearbeiten. Die Rekonstruierung der Reiseroute bestand hauptsächlich im genauen Studium der von Roberts vor Ort angefertigten Reisetagebücher (die leider nie in einer Gesamtversion veröffentlicht wurden und heute als Manuskript in der National Scottish Library von Edinburgh aufbewahrt werden) und in der geographischen Lokalisierung jedes Ortes. In den nicht seltenen Fällen, in denen Roberts' Niederschrift sich als lückenhaft erwies, sollten so die von uns vorgeschlagenen Sequenzen auf ihre Folgerichtigkeit überprüft werden, gleichzeitig aber auch, ob die beschriebenen Ortswechsel überhaupt machbar waren. Vor allem im Kapitel über Kairo ergaben sich dabei beachtliche Schwierigkeiten, einmal wegen der Unvollständigkeit der Informationen, zum anderen aber auch aufgrund der enormen Veränderungen, denen die Stadt unterworfen war: Erdbeben, Einstürze und Abbrüche von Gebäuden führten dazu, daß von einigen Bauwerken gar nichts mehr erhalten ist, andere wiederum haben sich im Vergleich zu ihrem ursprünglichen Aussehen so sehr verändert, daß es teilweise unmöglich ist, der Lithographie die passende Fotografie zuzuordnen. Dazu kommt noch, daß Roberts seine Drucke ohne jede chronologische Ordnung veröffentlichte, und die Tatsache, daß ein großer Teil der Bilder nicht datiert (oder aufgrund eines Versehen des Graveurs falsch datiert) ist, machte es schwierig, eine weitgehend zuverlässige Reihenfolge der Bilder aufzustellen: Wie dem auch sei, wir wünschen uns sehr, daß es uns gelungen ist, zumindest teilweise den Zauber dieser außergewöhnlichen Reise von David Roberts wiedergegeben zu haben.

Fabio Bourbon

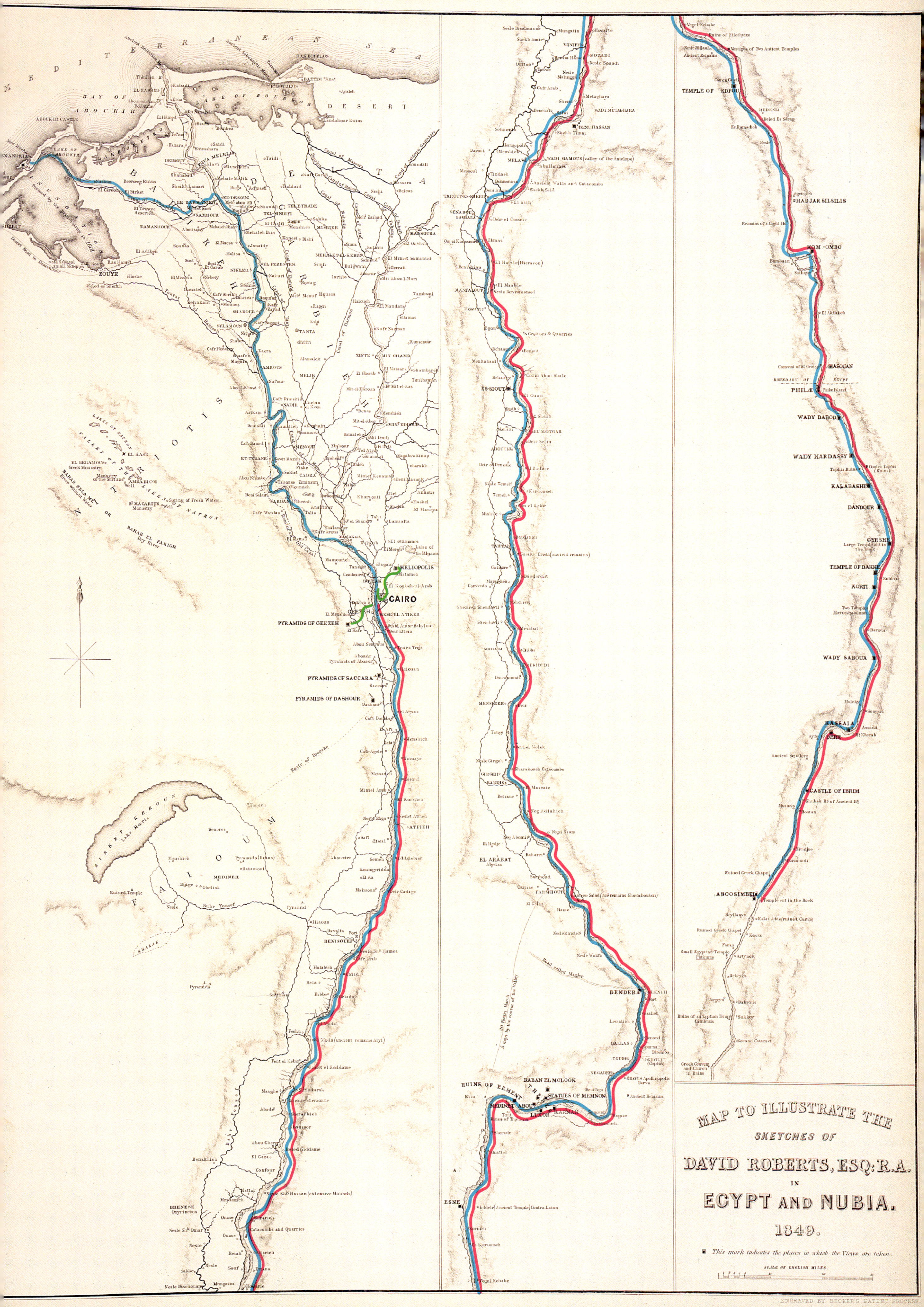

ENGRAVED BY BECKER'S PATENT PROCESS.

Übersicht der Abbildungen

Das Leben von David Roberts

David Roberts, einer der größten Vedutenmaler des 19. Jh., wurde am 24. Oktober 1796 in Stockbridge bei Edinburgh als Sohn eines Schusters geboren. Sein angeborenes künstlerisches Talent zeigte sich schon sehr früh, angeregt durch die Mutter, die dem kleinen Sohn viel von ihrer Heimatstadt, St. Andrew, erzählte, wo sich die Ruinen einer berühmten Kathedrale und eines Kloster befanden. Als dann der kleine David, überwältigt von den bunten Plakaten eines Zirkus', anfing, die Wände der heimischen Küche mit Tieren und anderen Figuren zu bemalen, bemerkte auch der Vater diese Begabung; so leid es den Eltern auch tat, ihre finanzielle Lage erlaubte es nicht, den Sohn auf eine Schule zu schicken. Roberts war also ein außergewöhnlicher Autodidakt, der erst im Alter von vierzig Jahren die theoretischen Grundlagen für eine Karriere als Maler erlernte. Der einzige, von dem er ein paar Grundbegriffe des Zeichnens mitbekam, war aller Wahrscheinlichkeit nach ein gewisser Gale Beugo, ein mürrischer und strenger Dekorateur, bei dem Roberts sieben Jahre lang als Lehrling arbeitete. An ihn war die Familie durch den Direktor der „Trustees Academy" von Edinburgh verwiesen worden. Aus dieser Zeit stammt eine kuriose Anekdote, die das angeborene Talent des Künstlers bestätigt: Beugo hatte seinem Lehrburschen eine Pfundnote anvertraut, mit der er einen Lieferanten bezahlen sollte. Dieser war jedoch nicht zu Hause, und so vertrieb sich Roberts die Wartezeit damit, diesen für ihn so wertvollen Gegenstand, den er noch nie zuvor in den Händen gehalten hatte, perfekt zu kopieren. Als die Mutter einige Zeit später die Zeichnungen des Sohnes ordnete, entdeckte sie die Kopie des Geldscheines; völlig entsetzt dachte sie schon, einen Dieb herangezogen zu haben, bis sich dann das Mißverständnis aufklärte. Im Jahr 1815 zog Roberts nach Perth, wo er seiner ersten bezahlten Anstellung als Dekorateur nachging. Als er ein Jahr später nach Edinburgh zurückkehrte, fand er Arbeit als Assistent des Bühnenbildners bei einer zweitklassigen Wanderbühne, dem „Pantheon", mit der er kreuz und quer durch Schottland zog. Später schrieb er, daß er sich in dieser Arbeit seinen größten Wunsch erfüllen konnte, denn durch die Berührung zur wundersamen Welt des Theaters konnte seine Phantasie in ferne Länder schweifen; so schien ihm die Stadt Bagdad mit ihren Minaretten und nach vielerlei Gewürzen duftenden Nächte ganz vertraut geworden zu sein, nachdem er an der Aufführung von „Ali Baba und die vierzig Räuber" mitgewirkt hatte. Aber damals deutete noch nichts auf seine späteren Reisen in den Orient hin. Im Jahr 1819 bekam er eine Anstellung als Bühnenmaler beim „Theatre Royal" in Edinburgh. Seine 1820 geschlossene Ehe mit der schottischen Schauspielerin Margaret McLachlan scheiterte bereits nach recht kurzer Zeit; dennoch war Roberts seiner einzigen Tochter Christine, die im Jahr 1821 zur Welt kam, stets ein treusorgender Vater. Sein liebevolles Verhältnis zu ihr erwiderte sie auch noch in ihren reifen Jahren, sie ordnete sein Werk neu und schrieb die gesamten Reisetagebücher nochmals ab. In den letzten Monaten des Jahres 1821 war er bereits so bekannt, daß er zusammen mit seinem Freund und großen Konkurrenten, Clarkson Stanfield – der ebenfalls später ein berühmter Vedutenmaler werden sollte – beim „Drury Lane Theatre" verpflichtet wurde. Im Jahr 1824 wurde sein erstes Ölbild, eine Detailansicht der Abtei von Dryburgh, in der „British Institution" ausgestellt; zwei Jahre später arbeitete der Künstler im „Covent Garden". Während dieser Zeit wurde seine „Ansicht der Kathedrale von Rouen" dem Publikum der „Royal Academy" vorgestellt, und seine Werke fanden immer mehr Zustimmung der Kritik; auch in der „Times" erschien eine Würdigung. Unterdessen engagierte sich der Künstler in der Stiftung „Society of British Artists", die ihn 1831 zum Präsidenten wählte. Trotz der Verpflichtungen aufgrund der wachsenden Zahl an privaten Auftragsarbeiten fand Roberts in den frühen Jahren seiner Karriere noch genügend Gelegenheiten für Reisen in Europa, von denen er zahlreiche Skizzen, Zeichnungen und Aquarelle mitbrachte, die ihm dann als Vorlagen für seine Gemälde dienten. Über den berühmten Ansichten von Stätten in Frankreich, Deutschland und den Niederlanden vernachlässigte er aber auch nicht die Motive seiner Heimat, und während der häufigen Besuche bei seinen Eltern, besuchte er die wichtigsten schottischen Baudenkmäler, die ihn zu einigen seiner bekanntesten Zeichnungen inspirierten. Das Ergebnis dieser Besichtigungen war unter anderem eine beachtliche Reihe von Kupferstichen, die nach der ersten Ausgabe leider nie wieder aufgelegt wurden. Durch die wachsende

Dieses Bild, das David Roberts in orientalischer Kleidung zeigt, stammt von Robert Scott Lauder aus dem Jahre 1840. Die Kleidung, das Schwert und der Gürtel gehörten zu den „Souvenirs", die Roberts während seiner langen Reise durch Ägypten und das Heilige Land gesammelt hatte. (Die Abbildung erfolgt mit freundlicher Genehmigung der „Scottish National Portrait Gallery".)

Zustimmung der Öffentlichkeit bestärkt, gab Roberts im Jahr 1830 die Beschäftigung als Bühnenbildner auf und konzentrierte sich auf das Studium der Malerei; unter anderem stammen aus dieser Zeit eine Reihe von Zeichnungen mit dem Titel „Pilgrims of the Rhine", die er im Auftrag von Sir Bulwer Lytton angefertigt hatte.

Auf Anraten seines Freundes David Wilkie beschloß Roberts im Jahr 1832, eine Reise nach Spanien, einem damals noch recht unbekannten Land, zu unternehmen, die zur vollen Entfaltung seiner künstlerischen Kreativität beitrug. Während seiner fast zweijährigen Reise lernte Roberts beinahe alle wichtigen spanischen Städte kennen, von Madrid bis Toledo, von Granada bis Malaga, von Sevilla bis Gibraltar. Unermüdlich zeichnete er dabei Ruinen und Baudenkmäler aus den verschiedensten Epochen; sein besonderes Interesse galt der maurischen Kunst und dem einheimischen gotischen Stil mit seiner reichen floralen Ornamentik. Im Jahr 1837 wurde eine Auswahl dieser Veduten unter dem Titel „Picturesque Sketches of Spain" veröffentlicht: Nach nur zwei Monaten waren schon gut 1200 Ausgaben davon verkauft. Dieser Erfolg hätte dem Künstler ein kleines Vermögen eingebracht, wäre er nicht von seinem Verleger betrogen worden. Zumindest aber hatte diese Reise eine Grundlage für sein dauerhaftes Ansehen auf internationaler Ebene geschaffen und ihm außerdem die Bekanntschaft von Louis Haghe eingebracht, einem jungen Graveur belgischer Abstammung, der über ein außergewöhnliches Talent verfügte, obwohl er am rechten Arm behindert war. Mit Haghe sollte ihn in den kommenden Jahren eine lange und fruchtbare Beziehung verbinden.

Auf seiner Spanienreise war Roberts bis nach Tanger vorgedrungen und der Zauber, den diese Stadt ausstrahlte, weckte in ihm die Neugier auf neue und weitere Horizonte. Nachdem er alle seine Ersparnisse zusammengekratzt und sich ausführlich über Sitten und Gebräuche, sowie die politische und soziale Lage in Ägypten, Palästina und Syrien informiert hatte, startete er im August des Jahres 1838 die lange Expedition, die seinen Namen auch über seinen Tod hinaus berühmt machen sollte. Von Paris aus setzte er seine Reise entlang dem Rhône-Tal bis nach Marseille fort, wo er am 11. September eintraf; von dort ging die Reise weiter auf einem Dampfer bis nach Civitavecchia. In seinem Reisetagebuch drückte er sein Bedauern darüber aus, sich so nah bei Rom zu befinden, ohne diese Stadt besichtigen zu können. Nach Aufenthalten in Malta und auf den Kykladen erreichte er Ende September endlich den Hafen von Alexandria. Drei Monate lang war Roberts auf einem gemieteten Schiff auf dem Nil bis nach Nubien und Abu Simbel unterwegs und zeichnete alle wichtigen archäologischen Stätten der Region. Am 21. Dezember kam Roberts nach Kairo mit einer Sammlung von über hundert Zeichnungen und Gemälden. Während seines sechswöchigen Aufenthaltes in Kairo gelang es ihm als erstem Europäer,

Dieses Bild von David Roberts erschien in der ersten Auflage von „The Holy Land, Syria, Idumea, Egypt and Nubia".

In den Jahren nach der Veröffentlichung fand Roberts immer mehr Anerkennung durch die Kritik, und er bekam zahlreiche Aufträge für anhand der Lithographien erstellte Gemälde. Bevor Roberts mit dem Malen begann, legte er dem Kunden stets eine Tuscheskizze in der Art der nebenstehenden Abbildung (sie zeigt den Tempel von Kom Ombo) vor, auf der sich die Daten des Bildes, die Größe und sein Preis befanden.

eine Moschee zu betreten und sie von innen zu zeichnen. In Kairo lernte Roberts Hanafee Ismail Effendi kennen, einen jungen Ägypter, der zum Christentum konvertiert war und fließend Englisch sprach. Dieser begleitete Roberts für die verbleibende Dauer seines Abenteuers. In der gleichen Zeit machte er auch die Bekanntschaft von zwei englischen Reisenden, John Pell und John Kinnear. Er beschloß, gemeinsam mit ihnen im Februar 1839 zum Sinai zu reisen und dann weiter zur legendären Stadt Petra und nach Palästina. In Gaza trennte er sich von Kinnear und machte sich auf den Weg nach Jerusalem, wo er an Ostern ankam. Nachdem er das Jordantal und die wichtigsten Orte der Umgebung besichtigt hatte, setzte er seinen Weg in Richtung Norden fort. Er besuchte den See Genezareth in Galiläa und die wichtigsten Städte an der libanesischen Küste. In Baalbek befiel ihn ein hartnäckiges Fieber, das ihn nicht nur an der Weiterreise nach Palmyra hinderte, sondern ihn auch zur Rückkehr nach Beirut zwang, von wo aus er am 13. Mai 1839 seine Rückreise nach England antrat. Nachdem er nach elfmonatiger Abwesenheit in seine Heimat zurückgekehrt war, legte er das Ergebnis seiner mühevollen Arbeit zahlreichen Verlegern vor, bis er schließlich in Francis Graham Moon die Person fand, die angemessen an seinem Werk interessiert war: Moon bot ihm 3000 Pfund für die Veröffentlichung des Werkes und die Überwachung der umfangreichen Arbeiten zur Herstellung der Druckplatten. Alle 247 Lithographien in den sechs, zwischen 1842 und 1849 veröffentlichten Bänden von „The Holy Land, Syria, Idumea, Egypt and Nubia" wurden von dem jungen Louis Haghe anhand der Skizzen und unter der Ägide von Roberts ausgeführt. Die dabei angewandte Technik des jungen Graveurs war außerordentlich aufwendig, denn jeder einzelne Druck wurde zweifarbig gestaltet und erst dann von Hand koloriert. Für Roberts lag der Gewinn mehr in Ruhm und Anerkennung, denn das vereinbarte Entgelt war nichts im Vergleich zu den enormen Arbeitsleistungen und den auf der Reise durchgemachten Strapazen.
Zwei Jahre nach seiner Rückkehr wurde Roberts endlich Vollmitglied der Royal Academy. Im Laufe der beiden folgenden Jahrzehnte bereiste der Künstler wiederholt zahlreiche europäische Länder, wo er stets Anregungen fand für Gemälde und Gravierungen, die mit großem Erfolg in den wichtigsten Galerien Englands und im Ausland ausgestellt wurden. Zu seiner großen Kundschaft gehörten viele der bedeutendsten Persönlichkeiten der Zeit, und Roberts zählte berühmte Dichter, Autoren und Künstler, wie Charles Dickens, William Turner und William Thackeray zu seinen Freunden. Im Verlauf seiner langen Karriere erhielt er begehrte Anerkennungen und Preise: Zu den bedeutendsten Auszeichnungen gehört jene, die er im Jahr 1855 auf der Weltausstellung in Paris erhielt. Im gleichen Jahr wurde Roberts Ehrenmitglied der Königlichen Akademie in Amsterdam. Im Jahr 1859 bereiste er Italien und in der darauffolgenden Zeit arbeitete er an einer Reihe von Ölbildern, die die Themse zum Motiv hatten. Auf seinen letzten Reisen nach Belgien und Holland wurde er von Christine und Louis Haghe begleitet. Während dieser Zeit waren die meisten seiner Werke Auftragsarbeiten; einige wurden gleich nach ihrer Fertigstellung verkauft: Ein Zeichen seiner beständigen Berühmtheit und guten finanziellen Lage.
Am 25. November 1864 starb Roberts im Alter von 68 Jahren, umgeben von der Zuneigung seiner Tochter und seiner Freunde, an einem Herzversagen und wurde auf dem Friedhof von Norwood beigesetzt. Die unzähligen Zeichnungen, Skizzen und Aquarelle, von denen er sich niemals hatte trennen wollen, wurden im Jahr darauf bei Christie's versteigert und gehören heute zu öffentlichen und privaten Sammlungen auf der ganzen Welt. Seine Ölbilder dagegen sind in den wichtigsten englischen und schottischen Museen ausgestellt.

22-23: Seite
Ansicht des Tempels von Dakka, heute wiederaufgebaut auf Neu-Sebua.

24-25: Seite
Ansicht des Tempels von Luxor.

Von Alexandria nach Abu Simbel

24. September - 10. November 1838

EGYPT & NUBIA.
FROM DRAWINGS MADE ON THE SPOT BY
David Roberts, R.A.
WITH HISTORICAL DESCRIPTIONS BY
WILLIAM BROCKEDON, F.R.S.
LITHOGRAPHED BY
LOUIS HAGHE.
Great Gateway, leading to the Temple of Karnac, Thebes
David Roberts R.A.
L. Haghe lith.
PUBLISHER IN ORDINARY TO HER MAJESTY.
MDCCCXLIX.

Aus dem Tagebuch von David Roberts:
24. September - Heute morgen sind wir früh aufgewacht: Alexandria lag genau vor uns. Die Stadt mit ihren Moscheen und Palmen strahlte eine völlig andere Atmosphäre aus, als alles was ich vorher gesehen hatte... In der Bucht befanden sich unzählige Schiffe, meist Kriegsschiffe; unser Boot war schon bald von den malerischsten Fährleuten umringt, die ich je gesehen habe...

Der Hafen von Alexandria

Abbildung 1

24. September 1838

David Roberts verließ London am 31. August 1838, nachdem er diese Reise, die ihn für beinahe ein Jahr von seiner Heimat fernhalten sollte, lange geplant hatte. Nach kurzen Aufenthalten in Frankreich, Italien, auf Malta und den Kykladen traf er am 24. September endlich in Alexandria ein.
Das Schauspiel, daß sich ihm in dieser Stadt bot, raubte ihm den Atem, so sehr unterschied sie sich von allen anderen Metropolen, die er zuvor gesehen hatte. Vor allem die Menschenmenge, die sich um das Schiff und auf den Molen drängte, beeindruckte ihn enorm: Fährleute boten lauthals ihre Dienste an, andere waren damit beschäftigt Waren und Reisende an Land zu bringen, schwarze Träger luden sich für wenig Geld schwere Gepäckstücke auf die Schultern, Kameltreiber rannten bei dem ganzen Durcheinander hin und her, um ihre Tiere in eine Reihe zu bringen. Als er in die Stadt hineinkam, fiel ihm auf, wie alles durcheinander umherlief: prachtvoll gekleidete türkische Herren, völlig unbekleidete schwarze Sklavinnen, griechische und jüdische Händler, Leute aus aller Herren Länder, die sich ohne ein offensichtliches Ziel in die eine oder andere Richtung bewegten. Obwohl so viele neue Eindrücke ihn ganz benommen machten, entging dem schottischen Künstler doch nicht, daß sich der antike Glanz Alexandrias trotz der ruhmreichen Überreste der Vergangenheit schon vor langer Zeit getrübt hatte. Die Stadt kam ihm vor wie ein von 600000 Einwohnern bewohnter Termitenhügel.

Die Nadeln der Kleopatra, Alexandria

Abbildung 2

24. - 26. September 1838

Gleich nach seiner Ankunft in Alexandria begann Roberts mit den Vorbereitungen für die Reise nilaufwärts bis nach Abu Simbel; als erstes mietete er ein Boot an, das ihn auf dem Wasserweg durch das Nildelta führen sollte, von wo aus er dann Kairo erreichen wollte. Dann besuchte er den Generalkonsul Oberst Campbell, bei dem er durch ein Empfehlungsschreiben des Außenministers, das er in seiner Heimat dank einiger hochgestellter Freunde erhalten hatte, schon vorangekündigt war, um von ihm jede denkbare Unterstützung zu bekommen. Der Oberst empfing ihn sehr herzlich und verschaffte ihm die notwendigen Dokumente, die es Roberts ermöglichten, ganz ungehindert durch Ägypten und Nubien zu reisen, außerdem gab er ihm zahlreiche Ratschläge mit auf den Weg, die sich in den folgenden Monaten noch als sehr nützlich erweisen sollten. Ägypten war unter der Regierung von Mehmed (Muhammad) Ali – der 1805 an die Macht gekommen war, nachdem er die Türken vertrieben hatte – in der Tat ein Land voller Unwägbarkeiten, und Reisende aus dem Westen mußten sich mit Unannehmlichkeiten jeder Art auseinandersetzen.

Obgleich Roberts von den unzähligen und auch schwierigen Problemen, die seine Expedition mit sich brachte, ganz in Beschlag genommen wurde, konnte er doch seine natürliche Neugierde als Künstler nicht verdrängen, und so besuchte er noch am Tag seiner Ankunft die wichtigsten Baudenkmäler der großen Hafenstadt: Die Obelisken von Tuthmosis III. und die Pompejus-Säule. Zwei Tage später fertigte er in einem seiner wenigen freien Augenblicke einige Skizzen von den Monumenten an, nachdem er sie vorher sorgfältig vermessen hatte: Diese Technik war von größter Bedeutung um die Größenverhältnisse der Monumente als Ganzes und auch deren einzelner Ornamente und Strukturelemente mit der größtmöglichen Präzision wiedergeben zu können.

Zu der Zeit, als Roberts Alexandria besuchte, stand nur noch einer der zwei der als „Nadeln der Kleopatra" bekannten großen Obelisken aufrecht auf dem eigenen Sockel. Der Name war zwar eindrucksvoll, beruhte aber auf keiner historischen Grundlage, sondern war volkstümlichen Ursprungs (u.a. auch deshalb, weil diese antiken Symbole der Zeugungskraft des Sonnengottes allgemein Messalah, eben „Nadeln", genannt wurden): die zwei riesigen Monolithen waren von dem Pharao Tuthmosis III. vor dem Amun-Tempel in Heliopolis aufgestellt worden, von wo Augustus sie über vierzehn Jahrhunderte später wegbringen ließ, um den in Alexandria zu Ehren Julius Caesars errichteten Tempel zu schmücken. Von den beiden, etwa 21 Meter hohen Obelisken, wurde der, welchen Roberts auf dem Boden liegend sah, nach London gebracht und am 13. September 1878 auf dem Victoria Embankment aufgestellt. Die andere „Nadel der Kleopatra", die den Vereinigten Staaten 1869 bei der Öffnung des Suezkanals zum Geschenk gemacht wurde, ist am 22. Januar 1881 im Central Park in New York aufgestellt worden.

Aus dem Tagebuch von David Roberts:
24. September - Die „Nadel der Kleopatra“ scheint in der Erde versenkt zu sein, aber wahrscheinlich stand sie ursprünglich auf einem Sockel, der ungefähr so ausgesehen haben muß, wie der, den ich nicht weit von hier gesehen habe.

Die Pompejus-Säule

Abbildung 3

24. - 26. September

Noch am Abend des 24. begab sich Roberts, in Begleitung eines ortskundigen Führers und einiger Europäer, die er erst kurz zuvor kennengelernt hatte, auf einem Esel in die antike Zitadelle Rhakotis, um die berühmte Pompejus-Säule zu bewundern, die ihn aber eigentlich nicht besonders beeindruckte, im Gegenteil, sie vermittelte ihm eher ein Gefühl von trostloser Öde.

Die insgesamt 30 Meter hohe Säule steht auf einem aus Beutematerial gebauten älteren Säulenfuß; der Schaft, bestehend aus einem einzigen Stück roten Granits, trägt ein korinthisches Kapitell aus weißem Marmor. Die Zuordnung dieses Monuments zu Gnäus Pompejus, dem großen Rivalen von Julius Cäsar, beruht auf einer Legende, durch die die Säule aber im Hinblick auf den historischen Zeitraum richtig eingeordnet wird.

Die Säule war nämlich Bestandteil des vergrößerten Serapeion (Serapis-Tempel), den Marcus Antonius zur neuen Stätte der berühmten Alexandrinischen Bibliothek, die bei einem Brand infolge der Belagerung Alexandrias durch Cäsar zerstört worden war, vorgesehen hatte. Nach zahlreichen geschichtlichen Widrigkeiten und der endgültigen Zerstörung der zweiten Bibliothek wurde dieses Überbleibsel des großen Portikus im Jahr 296 n.Chr. zu Ehren des Kaisers Diokletian wieder aufgebaut, der einen Aufstand gegen die römischen Machthaber niedergeschlagen hatte. Vielleicht wurde bei dem Anlaß auf dem Kapitell eine Statue errichtet. Im allgemeinen kann man den Tagebuchaufzeichnungen Roberts' entnehmen, daß ihn das „Lokalkolorit" mehr fesselte als die in der Tat bescheidenen Altertümer Alexandrias. Vor allem das Schauspiel des Sklavenmarktes, wo schöne zirkassische Mädchen und junge, schwarze Mädchen unter sengender Sonne kaum bekleidet an den Meistbietenden zum Verkauf angeboten wurden beeindruckten ihn zutiefst.

Aus dem Tagebuch von David Roberts:

24. September - Die Pompejussäule besteht aus fünf Elementen: dem Sockel, der Plinthe, dem Säulenfuß, dem Säulenschaft und dem Kapitell. Ursprünglich könnte sich noch eine Statue auf ihr befunden haben, ansonsten hätte sie zu einem Säulengang eines Tempels gehören müssen, was mir eher wahrscheinlich erscheint, denn sie steht mitten in einem Trümmerhaufen.

Pompeii's Pillar—Alexandria.
David Roberts R.A.

Ein antiker Brunnen, in der Umgebung von Nikleh

Abbildung 4

27. - 29. September 1838

In Alexandria traf Roberts außer mit Oberst Campbell auch mit dem Konsul Robert Thorburn zusammen, der damals unter den englischen Ägyptenreisenden für seine unvergleichliche Hilfsbereitschaft sehr bekannt war. Durch diese zwei Herren lernte der schottische Künstler den französischen Entdecker und Geographen Louis-Maurice-Adolphe Linant de Bellefonds kennen, der ihn auf seinen Streifzügen durch die Stadt begleitete und einige andere britische Landsleute, von denen zwei sich dazu entschlossen, sich der Expedition anzuschließen. Einer von ihnen wird in Roberts Tagebuch durchgehend Mr. V. genannt – ein gewisser Vanderhorst –, ein etwas unbeholfener und dicklicher Gentleman, der behauptete, seiner schwachen Gesundheit wegen zu reisen. Ein maltesischer Diener und ein italienischer Koch begleiteten ihn. Der zweite Abenteuergefährte war der stets heiter gestimmte Hauptmann Nelley vom 99. Regiment East Middlesex, der sich als Dolmetscher sehr nützlich machte und sicherlich der Lebhafteste der kleinen Abenteurerschar war. Später sollte sich zu diesen noch ein Dritter gesellen, den sie in Kairo kennenlernten: der geheimnisvolle Mr. A., dessen Identität Roberts nie aufdecken wollte. Vervollständigt wurde die Gruppe durch Ismail, einem jungen Ägypter, den sich Roberts als Diener mitgenommen hatte. Nachdem er Vorräte für vier Monate an Bord gebracht hatte und die an den Pascha Mehmed Ali gerichteten Empfehlungsschreiben sicher verstaut hatte, verließ Roberts Alexandria am 27. September bei Sonnenaufgang.
Am Morgen des darauffolgenden Tages erreichte die Gruppe das an einem der Arme des Nils liegende Dorf Asfeh, von wo aus sie auf einem geräumigeren Boot nach Sa al-Hagar, dem antiken Saïs, weiterreisten. Am 29. legte das Boot in Nikleh an, wo gerade ein großer Jahrmarkt stattfand: In sein Tagebuch schrieb Roberts, daß die Leute aus allen Richtungen im Dorf zusammenkamen, und alle irgendwelche Waren oder Schafs- und Ziegenherden mit sich führten.
Die Umgebung des Dorfes schien dem Künstler sehr fruchtbar zu sein, wohl auch aufgrund der zahlreichen Brunnen, die mit ihrer einfallsreichen Technik zwar seltsam aussahen, aber gute Dienste leisteten.

Aus dem Tagebuch von David Roberts:
29. September - Die Gewässer des Nils sind schlammig und trüb; die Region ist intensiv bewirtschaftet und von vielen Dörfern besiedelt, die inmitten von Palmen stehen. Der Kontrast zwischen den Palmen und dem blendenden Weiß der Minarette ergibt einen malerischen Anblick. Die Maisfelder werden mit Hilfe von Brunnen bewässert, aus denen das Wasser in Tonkrügen gefördert wird, die an einem sich um ein Rad drehendes Seil befestigt sind, das von einem Ochsen oder einem Kamel angetrieben wird.

A Persian Wheel,
used in raising Water from the Nile.
David Roberts, R.A. — L. Haghe Lith.

Die Fähre nach Giseh, Kairo

Abbildung 5

30. September - 7. Oktober 1838

Nachdem sie das Dorf Nikleh hinter sich gelassen und noch einige andere, ebenso pittoreske Orte besucht hatten, kamen Roberts und seine Gefährten um die Mittagszeit des 30. Septembers endlich in Sichtweite der Pyramiden, und einige Stunden später gingen sie in Bulak, dem Hafen von Kairo, an Land. Roberts kümmerte sich als erstes um ein Hotel und nahm Kontakt zum britischen Botschafter auf, danach widmete er sich dem Besuch der Stadt und ihren außergewöhnlichen Sehenswürdigkeiten. Insbesondere der Anblick der Sultan-Hassan-Moschee mit ihren fein ausgearbeiteten Verzierungen hatte es ihm angetan. Am 3. Oktober besuchte er, abermals auf Eselsrücken, die Pyramiden, die ihm auf den ersten Blick gar nicht mal so riesig vorkamen; bei der Besteigung jedoch mußte er seine Meinung ändern. Auf jeden Fall war er, wie er seinem Tagebuch anvertraute, beim Anblick des Sphinx weitaus mehr beeindruckt. Am 5. besuchte er die Kalifengräber, von denen viele baufällig waren oder von Armen und Bettlern bewohnt waren, was einen krassen Gegensatz zum Glanz der prächtigen Mosaikböden, der sorgfältig bemalten Wände oder der mit Perlmutt und Marmor inkrustierten Kuppeln bildete. Trotz so vieler überwältigender Eindrücke vergaß er doch nicht, sich um die weitere Organisation der Reise zu kümmern, und so war es ihm in der Zwischenzeit gelungen, ein Fischerboot zu chartern – komplett mit einer Mannschaft von acht Leuten und dem Kapitän. Um das Boot von den Ratten zu befreien, ließ er es einfach für einige Tage bei einer niedrigen Tiefe unter Wasser liegen. Vanderholst, der Hauptmann Nelley und Mister A. würden ihm an Bord eines anderen Schiffes folgen. Am 6. Oktober ging er endlich an Bord, nachdem er stolz die britische Fahne hatte hissen lassen. Auf grund des herrschenden Gegenwinds aber mußte er die Nacht an Bord, im Hafen von Bulak, verbringen. Am Tag darauf, während er darauf wartete, daß die Hauptsegelstange nach einem kleinen Manövrierunfall wieder richtig angebracht wurde, vertrieb er sich die Zeit damit, die Fähre nach Giseh mit den Pyramiden im Hintergrund zu malen.

Aus dem Tagebuch von David Roberts:
1. Oktober - Von Alcazar oder der Zitadelle aus gesehen genießt man einen wundervollen Blick über Kairo: Unterhalb erstreckt sich die Stadt mit ihren Kuppeln und Minaretten, dann der Vorort Bulak und die Mäander des Nils, während sich am Horizont die Pyramiden von Giseh und die Berge von Libyen abzeichnen.

David Roberts R.A.

Der Eingang eines Grabes in Beni Hassan

Abbildung 6

8. - 11. Oktober 1838

In der Nacht vom 7. zum 8. Oktober machte Roberts seine ersten, schmerzhaften Erfahrungen mit den ägyptischen Stechmücken, die es ihm nicht erlaubten die Augen zuzumachen. Es war eine unangenehme Gesellschaft, an die er sich aber wohl oder übel gewöhnen mußte. Die ersten Tage auf dem Schiff waren von absoluter Windstille gekennzeichnet, so daß die Mannschaft die meiste Zeit ruderte. Die sie umgebende Landschaft, die immer wieder durch Anhöhen aufgelockert wurde, glitt langsam an ihnen vorbei; die Eintönigkeit der Maisfelder wurde nur hier und da unterbrochen von ärmlichen Dörfern aus in der Sonne getrockneten Lehmhütten, oder von dichtstehenden Palmengruppen, die voll mit Datteln hingen. Am Morgen des 9. gingen sie in Beni Suef an Land. Hier war gerade Markt und so mischte sich Roberts, der immer aufmerksam auf Details achtete und möglichst alles, was er sah in sich aufnehmen wollte, unter die Leute: Die Frauen in ihren indigoblauen, bis zu den Knöcheln reichenden Baumwollkleidern trugen prallgefüllte Obstkörbe oder Taubenkäfige auf dem Kopf, die Männer hingegen führten Schafs- oder Ziegenherden vor sich her. Das Ganze bildete einen malerischen Rahmen, der ihm sehr gefiel. Am Tag darauf wurde in Sheikly, dem antiken Cynopolis, haltgemacht: Hier reichten die Dünen direkt bis an den großen Fluß. Um sich die Beine ein wenig zu vertreten, beschloß Roberts, zu Fuß bis zum nahegelegenen Onaseh zu gehen. Unterwegs fiel ihm auf, daß es hier nicht üblich war, die Toten zu beerdigen – wahrscheinlich, weil die regelmäßigen Hochwasser des Nils die Gräber überschwemmt hätten – stattdessen wurden die Leichen in kleinen Grabnischen aus ungebrannten Ziegeln bestattet, die schon bald dem Zahn der Zeit zum Opfer fielen, so daß die Umgebung durch die zerfallenen, teilweise noch in den Resten von Leichentüchern eingewickelten Skelette auf makabre Art weißlich schimmerte. Die folgende Nacht verbrachte Roberts in Minija, wo sich mitten im Ort die Ruinen einer schönen Moschee mit Marmorsäulen befanden. Am nächsten Tag ging die Fahrt weiter auf dem Nil, vorbei an wunderschönen Landschaften, bis nach Beni Hassan, wo Roberts einige Skizzen der Überreste aus der Antike anfertigte. Die Felsengräber an diesem Ort erhielten ihren Namen von einem Araberstamm, der sich in einigen Dörfern in der näheren Umgebung angesiedelt hatte, die heute verlassen und verfallen sind. Die Nekropole wurde während des Mittleren Reiches angelegt. Ihr wird eine große historische Bedeutung beigemessen, nicht nur der architektonischen Lösungen wegen, sondern auch wegen der prächtigen Szenen des alltäglichen Lebens, mit denen die Wände der Gräber verziert sind. Die von Roberts gezeichnete Grabstätte mit den zwei interessanten protodorischen Säulen an der Vorderseite ist die des Gaufürsten Amenemhet nomarca Ammenemes.

Aus dem Tagebuch von David Roberts:
11. Oktober - Das bedeutendste Grab hat an der Fassade zwei dorische Säulen und ist vollständig mit Hieroglyphen ausgestattet; im Inneren befinden sich die Überreste von zwei großen und zwei kleineren in den Fels gehauenen Statuen. Auch andere Gräber sind in die felsigen Wände am linken Nilufer gehauen, sie liegen fast alle auf gleicher Höhe. In jedem Grab ist ein Brunnen oder eine tiefe Höhle, die senkrecht oder extrem steil zum Boden verläuft.

Entrance to the Caves of Beni Hasan.
David Roberts, R.A. L. Haghe lith.

ASSIJUT

Abbildung 7

11. - 13. Oktober 1838

Nachdem Roberts einige Stunden in Beni Hassan zugebracht hatte, machte er sich wieder auf den Weg nach Schech Abada, dem alten Antinoe; allerdings wurde er hier ziemlich enttäuscht, denn von den prunkvollen Überresten, von denen einige Jahre zuvor andere Reisende berichtet hatten, war kaum noch etwas zu sehen. Hier und dort erhoben sich zwischen Trümmern und Erdhaufen noch einige Säulen, aber die marmornen Triumphbögen aus römischer Zeit waren verschwunden, wahrscheinlich waren sie von den Bewohnern niedergerissen worden, um sie zu Kalk zu verarbeiten. Roberts tröstete sich darüber hinweg, indem er für wenig Geld einige antike Münzen kaufte: Für dieses Sammlerinteresse finden sich in seinem Tagebuch mehrere Belege, denn ähnliche Käufe an zahlreichen Orten hatte er hier sorgfältigst verzeichnet. Am 12. Oktober legte das Boot in Manfalut an, einer Stadt im Verfall, auf deren Basar aber die Bootsküche immerhin um sechs Hühner bereichert werden konnte. Am Morgen des darauffolgenden Tages kamen sie nach Sijut, im Altägyptischen unter dem Namen Sauti und heute als Assijut bekannt. Dank ihrer günstigen Lage inmitten einer weiten Fruchtebene hatte die Stadt in der Vergangenheit einen beachtlichen Wohlstand erreicht, aber auch hier – wie zuvor an anderen Orten – mußte Roberts feststellen, daß von den antiken Baudenkmälern wenig erhalten geblieben war: ein paar Ruinen, einige Grabanlagen, weiter nichts.

Aus dem Tagebuch von David Roberts:
13. Oktober - Ein großer Teil des Gebietes ist überflutet, aber die Gärten, die Sijut umgeben sind sehr schön: Palmen, Akazien und Granatapfelbäume wachsen im Überfluß. Die Stadt befindet sich oberhalb der Fruchtebene, sie ist von Erdwällen umgeben und man erreicht sie über eine bogenreiche Brücke. In der vergangenen Nacht hat jemand die Kleider und die Schuhe von Ismail gestohlen. Ich bin sicher, daß er am Ende der Reise Schadensersatz verlangen wird.

Das Minarett der grossen Moschee in Sijut

Abbildung 8

13. Oktober 1838

Sijut war die Hauptkultstätte von Upuaut, dem Kriegsgott in der Hülle eines Wüstenwolfes, woher die Stadt auch den griechischen Namen Lykopolis (= Wolfsstadt) bekam. Im 2. Jh. v. Chr. wurde hier der neuplatonische Philosoph Plotin geboren, später wurde Sijut als die Stadt bekannt, in der die Heilige Familie Rast gemacht hatte, als sie nach Ägypten floh, um der Verfolgung durch Herodes zu entkommen.

Zu Beginn des 4. Jh. bekannte sich die Stadt zum Christentum und ist auch heute noch eines der Zentren der koptischen Christen in Ägypten, obwohl sich hier auch eine bedeutende islamische Hochschule befindet. Roberts beschrieb Sijut als eine der größten Städte, die er seit Verlassen Kairos gesehen hatte: Eine wohlhabende und gepflegte Stadt mit vielen Basars, wo die unterschiedlichsten Waren angeboten wurden.

Die Ernsthaftigkeit, die die Händler dabei an den Tag legten, erschien ihm jedoch zuweilen lächerlich, denn sie konnten sich offensichtlich nur sehr widerstrebend vom Mundstück ihres „chabouk" – einer Art Pfeife – trennen, um seine Fragen zu beantworten. Es ist interessant, wie getreu diese und ähnliche, alles andere als seltene Tagebuchaufzeichnungen, die Schwierigkeiten wiedergeben, auf die Roberts manchmal stieß. Aber er zeigte bei vielen Gelegenheiten ein großes Anpassungsvermögen dabei, sich auf Lebensweisen einzustellen, die sich von seinen so völlig unterschieden. Außerdem kann man wohl davon ausgehen, daß solche Mißverständnisse auf beiden Seiten vorkamen. Über manche Verhaltensformen mag er zwar verblüfft gewesen sein, von der islamischen Architektur aber war er bedingungslos fasziniert. Ohne große Bedenkzeit stellte er fest, daß die große Moschee mit ihrem hohen Minarett das wichtigste Bauwerk von Sijut sei und machte sich gleich daran, eine Zeichnung davon anzufertigen. Nach dem Besuch des Ortes selber machte sich Roberts zu Fuß auf den Weg zur Felsgrabnekropole, die berühmt ist für ihre großen Gräber, die zur Hälfte in eine hohe Felswand eingeschlagen sind. Aber obwohl er von der Einzigartigkeit dieser Grabanlagen sehr beeindruckt war, konnte der schottische Künstler seine Abscheu beim Anblick der von den Mumienräubern hinterlassenen, deutlichen Spuren nicht verbergen. Diese hatten bei ihrem frevelhaften Werk ringsumher traurige Reste menschlicher Körper, verstümmelt und verdorrt, zurückgelassen. Diese Grabschändungen beruhten darauf, daß ab dem Mittelalter häufig Teile der Mumien von arabischen und europäischen Apothekern zur Herstellung von Heilmitteln benutzt wurden, denen der Volksglaube wundersame Heilfähigkeiten zuschrieb; in der Arzneikunst erreichte diese Mode im 17. Jh. ihren Höhepunkt, um dann am Ende des Jahrhunderts auszuklingen, allerdings blieb sie für esoterische Praktiken noch bis in die ersten Jahrzehnte unseres Jahrhunderts aktuell. Es erübrigt sich zu sagen, daß die Schäden, die durch die Plünderer bei ihren frenetischen Ausgrabungen verursacht wurden, einen unschätzbaren Verlust für die Archäologie darstellen.

Der Tempel von Dendera und das sogenannte Typhonium

Abbildung 9

14. - 19. Oktober 1838

Wie bereits im Vorwort beschrieben, hatte Roberts seine Reise genauestens geplant, mit dem Ziel, die Aufenthalte und damit die Kosten so gering wie möglich zu halten. Er wollte Abu Simbel so schnell wie möglich erreichen, um dann wieder langsam nilabwärts bis Kairo zu fahren und sich den Entwürfen für die Skizzen, Aquarelle und Ölbilder zu widmen, die er nach seiner Rückkehr in England fertigstellen wollte. Auf der Hinfahrt machte er darum in den wichtigsten archäologischen Fundorten nur so lange wie eben notwendig halt, wobei er diese Aufenthalte – mit lobenswerter Sparsamkeit – stets mit den für die Spedition notwendigen Besorgungen verband. Während er Fassaden, Säulen, Grabräume, Statuen vermaß und Zahlen und Eindrücke in sein Tagebuch schrieb, füllte die Mannschaft die Vorräte der Bootsküche wieder auf und kümmerte sich um die unzähligen anderen Aufgaben, die zum reibungslosen Ablauf der Spedition gehörten. Während dieser Phase war es Roberts wichtiger, die einzigartigen Überreste des pharaonischen Ägyptens nur auf sich wirken zu lassen. Dieses aber immer mit fachlichem Blick, beinahe so, als wollte er die vielfältigen Eindrücke, die ihm dieses außergewöhnliche und lang ersehnte Land bot, völlig in sich aufnehmen, bevor er sich ganz der selbstgestellten, anspruchsvollen Aufgabe widmete. Erst wenn er sich an den Anblick von so viel Pracht und Einzigartigkeit gewöhnt hatte, würde er Formen und Farben zu Papier bringen. Aus seinem Tagebuches geht dann auch hervor, daß er während der ersten Wochen der Reise, also bis nach Abu Simbel, nur wenige vollständige Bilder angefertigt hat; er beschränkte sich auf Skizzen, Detailansichten, Perspektivstudien und die unvermeidlichen Vermessungen. Eine Ausnahme sind die Abbildungen einiger kleinerer Stätten, an denen er auf der Rückfahrt nicht noch einmal halt machen wollte, und ein paar andere Bilder, von denen im Tagebuch die Rede ist. Diese hat er vielleicht an Orten gemacht, wo ihm mehr Zeit zur Verfügung stand. Man kann jedoch sicherlich auch davon ausgehen, daß er manchmal einfach von der Begeisterung mitgerissen wurde, wie dies sicherlich bei der Panoramaansicht des Tempels von Dendera und dem angrenzenden Geburtshaus, das er als Thyphonium bezeichnete der Fall war.

Am 14. Oktober hatte Roberts Sijut verlassen und erreichte den Heiligen Bezirk der Hathor fünf Tage später. Unterwegs hatte er in Abutis und Antaiopolis, wo er einen wundervollen Sonnenuntergang über den Ruinen des Amphitheaters aus römischer Zeit erlebte, in El-Maragha, wo er ehrenvoll vom dortigen Scheich empfangen wurde, und schließlich in Girga einen Halt eingelegt. Am 18. Oktober entdeckte er während der Fahrt eine Gruppe großer Krokodile auf einer Sandbank, die die Morgenluft genossen; sie schienen sich selbst durch die von der Mannschaft abgegebenen

Gewehrschüsse nicht stören zu lassen.

Die imposanten Ruinen von Dendera beeindruckten ihn außerordentlich, und doch machten sie ihn melancholisch und niedergeschlagen, weil sie ihm die Vergänglichkeit der von Menschenhand geschaffenen Dinge vor Augen führten.

Aus dem Tagebuch von David Roberts:
19. Oktober - Nachdem ich bei Sonnenaufgang aufgestanden war, bin ich zu den Ruinen von Dendera gegangen. Mein lieber Freund Hauptmann Nellie hat mich begleitet und mir bei den Vermessungen geholfen. Als ich in den Tempel hineinkam, war ich einfach sprachlos. Der außergewöhnlich gute bauliche Zustand des ganzen Gebäudes – die einzige Ausnahme waren die Stellen, wo er absichtlich beschädigt wurde – und die hervorragende bildhauerische Leistung sind einfach überwältigend, jede Oberfläche, sowohl außerhalb des Tempels als auch im Inneren ist mit Hieroglyphen bedeckt.

Aus dem Tagebuch von David Roberts:

23. Oktober - Aufgrund der klaren Luft und der Weite der Ebene, auf der sich der Tempel erhebt, ist es kaum möglich, die Ausmaße des Bauwerks richtig einzuschätzen, bis man sich dicht davor befindet. Die Hauptsäulen mit einem Umfang von neun Metern können eine Ahnung von den Proportionen des Komplexes geben; die Lotusblütenkapitelle werden an der breitesten Stelle wohl einen Umfang von fünfzehn Metern haben.

Der Tempel von Luxor, vom Nil aus gesehen

Abbildung 10

20. - 23. Oktober 1838

Roberts machte sich am 20. Oktober von Dendera aus wieder auf die Reise, nachdem er eine Ansicht des Tempels von Dendera fertiggestellt und ein gutes Mittagessen zu sich genommen hatte. Am Morgen des 21., einem Sonntag, legten die zwei Boote in der Nähe von Kurna an, einem kleinen Dorf, wo die Besucher des antiken Thebens die Nacht verbringen, Proviant und frisches Wasser kaufen konnten. Ohne Zeit zu verlieren, mietete die Abenteurergruppe einige Esel an und machte sich auf den Weg in Richtung der am westlichen Ufer gelegenen großen Thebanischen Nekropole. Hier in der von der Bergspitze el-Qurn („das Horn") beherrschten Ebene, dem Berg, der der Göttin Meret-Seger geweiht ist, fanden sich die „Häuser der Ewigkeit" von Pharaonen und königlichen Gattinnen, von Prinzen und Prinzessinnen, von Beamten und Höflingen. Ganz besonders beeindruckt war der Maler vom imposanten Anblick des sogenannten Rameseums, dem Totentempel Ramses' II., in dem sich die Überreste der Kolossalstatue des Königs befanden. Auf dem Rückweg zu den Booten kamen mehrere Einheimische auf die Neuankömmlinge zu, und boten ihnen einige alte Mumien zum Verkauf an, die außergewöhnlich gut erhalten waren.
Am Montagmorgen stand das Tal der Könige auf dem Programm. Einige unvollendete Grabstätten ermöglichten es Roberts, die Konstruktionstechniken und die Verzierungsmethoden zu studieren. Ein paar lakonische Zeilen im Tagebuch lassen uns wissen, daß der Abend den Reisenden eine mehr als angenehme Überraschung bereitgehalten hatte, die in einer Vorstellung von einigen jungen „sehr anmutigen und graziösen" Tänzerinnen bestand. Der Schotte war besonders von einem sehr großen Mädchen mit ebenholzfarbener Haut angetan, deren Gesichtszüge ihm ausdrucksvoller erschienen, als alles, was er vorher gesehen hatte. Bei der Beschreibung der Tänzerinnen und überhaupt der schönen ägyptischen Frauen ist Roberts sicherlich der zurückhaltendste unter seinen Zeitgenossen: Vielleicht zensierte er selber später seine Aufzeichnungen, um seine Tochter nicht zu schockieren, oder aber die sittsame Christine hatte bei der Abschrift der väterlichen Memoiren keine Skrupel, die Schere anzusetzen.
Am 23. war endlich der Tag gekommen, die überwältigenden Ruinen von Luxor zu besichtigen, die ihm sprichwörtlich den Atem nahmen: Den Tagebuchaufzeichnungen kann man entnehmen, daß der arme Roberts vor Begeisterung fast den Verstand verloren haben mußte. Mehrere Stunden verbrachte er, aufgeregt vor lauter Staunen und Bewunderung, damit, Säulen, Kapitelle, Reliefs und Mauern zu vermessen.

Ruins of Luxor, from the South west.

Der Tempel von Luxor, von Südwesten aus gesehen

Abbildung 11

23. Oktober 1838

Die 725 Kilometer südlich von Kairo gelegene Stadt Luxor, heute ein blühendes Ferienzentrum am Ostufer des Nils, ist weltbekannt für seine bedeutenden Ruinen, die schon zur Zeit der Ägyptischen Expedition unter Napoleon Bonaparte erforscht und exakt beschrieben wurden. In dieser fruchtbaren Ebene, die sich in einer großen Flußschleife erstreckt, entwickelte sich im zweiten Jahrtausend vor Christus eines der größten religiösen und politischen Zentren des Altertums: Eine Stadt, die so reich und bedeutend war, daß sie auf dem Höhepunkt ihres Ruhmes die erstaunliche Bevölkerungszahl von 1,5 Millionen erreicht hatte. Das heutige Städtchen ist nämlich eigentlich nur ein Teil des antiken Theben, das mehrfach während des Mittleren und des Neuen Reiches die Hauptstadt von Ägypten war. Seine geschichtliche Entwicklung nahm in einer ursprünglich kleinen Wohnsiedlung in der Nähe des heutigen Karnak seinen Ausgang. Die Stadt vergrößerte sich rasch, bis sie auch das Gebiet umschloß, auf dem sich heute die Kreisstadt befindet. In dieser großen Metropole wurde Amun, zusammen mit Mut und Chons in der sogenannten „Thebanischen Triade" prunkvoll verehrt, deren geistige Vorherrschaft sich aufgrund der weitreichenden Bekehrungsbemühungen der mächtigen hier ansässigen Priesterkaste auf alle anderen Städte des Landes ausweitete.

Der große Tempel von Luxor war der wichtigste Satellit des Tempelbezirks von Karnak, an den er aufgrund der gleichen geschichtlichen Wechselfälle sowohl aus kultischen Gründen, als auch im Hinblick auf Architektur und Ornamente eng gebunden war. Schon beim Anblick des Heiligtums von Luxor war Roberts über alle Maßen begeistert; als er dann am Nachmittag des 23. Oktober Karnak erreichte, konnte er die Sehenswürdigkeiten nur noch in beinahe schon verklärtem Ton beschreiben, und er unterstrich nochmals die unglaublichen Ausmaße dieser Tempel, die den Jahrtausenden getrotzt hatten.

Assuan und die Nilinsel Elephantine

Abbildung 12

24. - 29. Oktober 1838

Am Nachmittag des 23. Oktober hatte Roberts Karnak verlassen und erreichte sechs Tage später Assuan. Unterwegs hatte er in den wichtigsten historischen Orten Halt gemacht. Am 24., nachdem er vorher die pittoresken Ruinen von Hermonthis besucht hatte, hielt er sich einige Stunden in Esna auf, um die Überreste des Tempels des Chnum zu besichtigen. Am Morgen des darauffolgenden Tages besuchte er die Ebene um das antike Eilat, das von mächtigen Mauern umgeben war, am 26. schließlich wollte er Edfu erreichen, dessen Tempel ihn ganz besonders begeisterte, sowohl seiner Größe, als auch seiner feingeschnittenen Basreliefs wegen. Am 28. war er in Kom Ombo, wo die Trümmer des Heiligtums, halb im Sand vergrabenen Titanen gleich, oberhalb des träge fließenden Flusses lagen. Wie üblich notierte sich Roberts genaue Beschreibungen zu jedem Bauwerk. Aber mehr noch als der Notizen zu architektonischen Besonderheiten wegen, faszinieren die Tagebucheinträge aufgrund der ausgezeichneten Landschaftsbeschreibungen, die mit wenigen Worten und einem ausgesprochenen Sinn für Farben Momentaufnahmen von oft wilder Schönheit beschreiben, die heute verloren gegangen sind. So schreibt er zum Beispiel vor ihrer Ankunft in Edfu: „Auf halber Strecke trafen wir auf die Grabstätte eines Scheichs, in der sich einige randvoll mit Wasser gefüllte Fässer befanden, womit sich Passanten den Durst stillen konnten. Ganz in der Nähe stritten sich ein hungriger Hund und zwei große Geier mit solchem Eifer um das Gerippe eines Kamels, daß sie uns kaum eines Blickes würdigten." Den 27. Oktober verbrachten sie an Bord. An diesem Tag schreibt er in sein Tagebuch: „Die Luft steht völlig still, nicht der kleinste Lufthauch ist zu spüren. Krokodile liegen auf den Sandbänken regungslos in der Sonne, während man aus den Kronen der Palmen das tiefe Gurren der wilden Tauben und die hohen Stimmen unzähliger anderer Vögel hört; zur gleichen Zeit schreitet ein einsamer Kranich kerzengerade am Flußufer entlang."
Assuan, das von den Griechen Syene genannt wurde und früher für seine Granitsteinbrüche berühmt war, liegt unterhalb des Ersten Nilkatarakts. Hier teilt sich der große Fluß in mehrere Arme und ist von einer Unzahl von Granitfelsen und von einigen größeren Inseln übersät. Im Altertum wurde das ganze Gebiet, das die heutige Stadt umgibt, Jebu genannt, was Elefantenland bedeutet, vielleicht weil die Ägypter hier zum ersten Mal diese großen Tiere sahen, oder aber, weil viele Felsen vom Wasser kahlgeschliffenen waren und Elefantenrücken ähnlich sehen. Erst später wurde der Name auf die Insel und die Stadt Elephantine beschränkt, die an diesem strategisch günstigen Punkt entstanden war. Roberts ließ sich zur Insel hinübersetzen, stellte aber enttäuscht fest, daß von den antiken Überresten nur wenige kümmerliche Zeugnisse geblieben waren.

Aus dem Tagebuch von David Roberts:

29. Oktober - Nach unserer Ankunft in Assuan streiften wir durch die auf einer Anhöhe liegenden Ruinen der Stadt. Nachdem ich eine Zeichnung dieses Nilabschnittes angefertigt hatte, ließ ich mich auf die Insel Elephantine übersetzen. Hier fand ich, abgesehen von einigen Säulen und Trümmerhaufen, keine Anzeichen der alten Tempel. Nur eine einzelnstehende Statue sah ich, und bei näherer Betrachtung der zum Fluß hin zeigenden Mauern konnte ich feststellen, daß sie mit Hieroglyphen bedeckt sind.

Der Trajan-Kiosk auf der Insel Philae

Abbildung 13

1. November 1838

Am Morgen des 30. Oktobers machten sich Roberts und seine unermüdlichen Reisegefährten auf gemieteten Eseln auf den Weg in Richtung Süden. Sie wollten einen Fährmann finden, der sie auf die Nilinsel Philae, die „Perle Ägyptens" bringen könnte, wo im Altertum die Pilger zusammenkamen, um die geheimnisvolle und wohlwollende Göttin Isis zu ehren. Die prachtvollen Ruinen des großen Heiligtums ragten noch in ihrer ganzen Schönheit empor und der Künstler war von ihnen über alle Maßen beeindruckt. Die Insel, die er als einen Winkel des Paradieses inmitten einer grenzenlosen Öde beschrieb, erinnerte ihn in gewisser Weise an das grüne Land seiner Heimat und an die glücklichen Momente seiner Jugend: Es war ein angenehmes Gefühl, das er nicht wieder vergessen würde. Die Stunden vergingen rasch während die vier Gentlemen sich zwischen den alten Gemäuern bewegten, und so nahte der Moment des Abschieds von diesem friedlichen Ort nur zu schnell.

Am folgenden Tag, während sie mit den Vorbereitungen zur Überwindung des ersten Nilkatarakts beschäftigt waren, kam in Assuan ein Bote zu ihnen und überbrachte eine Einladung des Beys persönlich. Roberts und die drei anderen Europäer wurden in seinem Zelt überaus herzlich von ihm empfangen; während der Bey ihnen Kaffee und guten Tabak anbot, berichtete er, daß er vom Pascha beauftragt worden war, der Expedition jedwede Hilfe zu leisten. Aber Roberts lehnte das höfliche Angebot ab. Vielleicht war diese Antwort ein wenig übereilt, denn es erwies sich doch als recht schwierig, die zwei Boote über die Stromschnellen zu bringen, und sie brauchten dafür den ganzen 1. November. Der Künstler beschloß daher, die ihm zur Verfügung stehende Zeit auf Philae zu verbringen. Dort zeichnete er den sogenannten Trajan-Kiosk, den er als Hypätraltempel bezeichnete, da er nicht überdeckt war. Trajan hatte dieses pavillonartige Bauwerk im Jahr 105 n.Chr. errichten lassen als Barkenstation für die Götterbarke der Isis, auf der ihr Schrein während der Prozessionen zu den südnubischen Tempeln gefahren wurde. Dieser anmutige Bau zeigt sich als vierseitiger Kiosk mit 14 Säulen, deren Interkolumnien im unteren Bereich durch Schrankenwände verbunden sind, die zum großen Teil ohne Verzierungen geblieben sind. Keines der Blütenkapitelle gleicht einem anderen; die darüber befindlichen ungewöhnlichen Sockel sollten erst im Nachhinein mit Hathor-Bildnissen behauen werden. Obwohl der Kiosk nicht fertiggestellt wurde, ist er seiner Schönheit wegen zum eigentlichen Wahrzeichen Philaes geworden, und er ist das beste Beispiel für den Schönheitssinn und die architektonischen Fähigkeiten der Ägypter während der römischen Zeit. Aufgrund einer aus alter Zeit stammenden irrtümlichen Annahme wurde das Monument als „Bett des Pharao" bekannt, weil man dachte, daß hier die Herrscher Ägyptens während ihres Aufenthaltes am großen Heiligtum gewohnt hätten.

Aus dem Tagebuch von David Roberts:
30. Oktober - Auf der Insel befinden sich vier Tempel. Als erstes habe ich den südlichsten besucht, den mit Lotusblütenkapitellen. Er erweckt den Eindruck, nie fertiggestellt worden zu sein. Der Tempel ist aus einem sehr hellen Sandstein gebaut und die Details der Verzierungen sind so deutlich, daß man meinen könnte, die Steinmetze hätten eben erst ihre Arbeit beendet. Auch ich konnte mich nur schwerlich davon überzeugen, vor einem Bauwerk zu stehen, das zweitausend Jahre alt ist.

Der Tempel von Dabod, Nubien

Abbildung 14

2. November 1838

Am Freitag, den 2. November, erreichten Roberts und seine Reisegefährten die Umgebung von Dabod, wo ein kleiner, zierlich aussehender Tempel stand. Wie viele andere nubische Heiligtümer war auch dieses nie zu Ende geführt worden: Hier erkannte man es daran, daß die äußeren Säulen an der Vorderseite nicht fertiggestellt worden waren. Ihre rauhe Oberfläche und die nur grob bearbeiteten Kapitelle bestätigten in den Augen des Künstlers, daß die ägyptischen Handwerker die Hieroglyphen und kleineren Details der Verzierungen erst in den Stein meißelten, nachdem die verschiedenen Steinblöcke an ihre endgültige Stelle gesetzt worden waren. Der älteste Teil des Tempels wurde in der ersten Hälfte des 3. Jh. v. Chr. von König Azekheramun gebaut, der ihn dem Gott Amun widmete; im folgenden Jahrhundert wurde er der Isis umgewidmet und mehrfach vergrößert von Ptolemaios VI. und Ptolemaios VIII. Der Bau des linken Flügels und der Anbau der durch die vier großen Säulen geprägten Vorderseite sind den römischen Kaisern Augustus und Tiberius zu verdanken. Sie ließen sich mit den Symbolen der alten Pharaonen auf den halbhohen Schrankenwänden darstellen. Auch der kleine Tempel von Dabod war, genau wie die bekannteren Tempel von Abu Simbel oder Philae, nach dem Bau des Assuan-Hochdammes der Gefahr ausgesetzt, in den Fluten des Nasser-Sees zu versinken, konnte aber unter der Schirmherrschaft der UNESCO gerettet werden: Zwischen 1960 und 1961 wurde der Tempel in einzelne Blöcke zerlegt und vorübergehend zwischengelagert. Später ging der Tempel als Geschenk der ägyptischen Regierung an Spanien, als Zeichen der Anerkennung für die bei der Rettungsaktion geleistete Unterstützung. Im Jahr 1968 wurde dann das Baudenkmal auf einem Hügel in der Nähe von Madrid, im Parque de la Montaña rekonstruiert.

Nachdem sich Roberts einige Notizen gemacht und den Ort gezeichnet hatte, ging er zu Fuß weiter bis nach Kertassi. Dort stand ein Tempel, der dem vorherigen sehr ähnlich war; aufgrund des bevorstehenden Sonnenuntergangs war er jedoch gezwungen, eine genauere Betrachtung auf die Rückreise zu verschieben.

Aus dem Tagebuch von David Roberts:
2. November - Heute morgen sind wir in Dabod an Land gegangen, wo ein kleiner, unvollendet gebliebener Tempel steht. Im Allerheiligsten befindet sich ein Opfertischraum aus rotem Granit, in dem wahrscheinlich die Isis-Statue aufbewahrt wurde. Von der Art der Verzierungen her würde man sagen, daß er viel älter ist, als der Tempel selber.

Aus dem Tagebuch von David Roberts:

4. November - Heute haben wir unter dem kleinen Tempel von Dendur, der sich knapp unterhalb des Wendekreises befindet, eine Pause eingelegt. Das Bauwerk besteht aus einem Portikus mit zwei Säulen an der Vorderseite, gefolgt von zwei Räumen und schließlich dem Allerheiligsten. Hier befindet sich eine Stele, die wahrscheinlich der Isis geweiht ist. Auf dem Architrav ist die geflügelte Sonne dargestellt, die Mauern der Vorhalle sind mit Isis- und Osirisfiguren während der Opfergabe verziert.

Der Tempel von Dendur

Abbildung 15

3. - 4. November 1838

Nachdem Roberts sich einige Stunden in Kalabscha, einem am Westufer des Nils gelegenen Dorf mit einem nahegelegenen wunderschönen Tempel aufgehalten und die Nacht vom 3. auf den 4. November an Bord verbracht hatte, ging er bei Tagesanbruch in der Nähe von Dendur an Land. Wie er selber zugeben mußte, hätte der kleine Tempel an diesem Ort dem Vergleich zu den bisher gesehenen prachtvollen Bauwerken kaum standhalten können. Und doch besaß dieses Baudenkmal einen tatsächlichen historischen Wert, denn er war von Augustus zu Ehren der Lokalheiligen Peteisis und Pahor errichtet worden. Da Augustus von der ägyptischen Kultur zutiefst angezogen war, betrachtete er Ägypten immer als einen Teil seines Privatbesitzes und diese Vorliebe – die im übrigen von vielen seiner Nachfolger geteilt wurde – ließ in Rom eine wahre Mode entstehen, die auf die Vorbilder der pharaonischen Kunst zurückgriff. Auch nach seinem Tod war der Respekt vor den baulichen Normen eines der Kennzeichen der römischen Herrschaft in Ägypten. Auch der Dendur-Tempel war von Überschwemmungen bedroht, und wurde deshalb 1963 auf Initiative der UNESCO in Einzelteile zerlegt und von Ägypten den Vereinigten Staaten zum Geschenk gemacht. Heute kann man ihn im Metropolitan Museum of Art von New York bewundern.

Interessant ist auf diesem Bild, daß auch einige Personen abgebildet sind, die damit beschäftigt sind, die Vorderseite des Tempels zu vermessen. Die Tatsache, daß einer von ihnen auf westliche Weise gekleidet ist, läßt darauf schließen, daß Roberts der Versuchung nicht widerstehen konnte, sich selbst, den treuen Ismail und einige Mitglieder der Mannschaft auf einem Bild zu verewigen.

Der Tempel von Wadi el-Sebua, Nubien

Abbildung 16

5. - 6. November 1838

In der Nacht vom 4. auf den 5. November fuhr das Boot an den Tempeln von Gerf Hussein und Dakka vorüber; bei Sonnenaufgang waren sie dann schon ganz in der Nähe der Insel Derar, die Roberts als intensiv bewirtschaftet beschrieb. Die aufgehende Sonne berührte sanft die weißlich glänzenden Sandflächen am Ufer, auf denen mit einemmal die Umrisse des Tempels von Ofeduina zu erkennen waren, einem Ort, der auch als Maharraka bekannt war. Der Maler ging an Land, eben so lange wie nötig, um die große Tempelanlage zu besuchen, die ihn lebhaft beeindruckte. Am frühen Nachmittag kehrte er dann wieder an Bord zurück. Am folgenden Tag war die Hitze besonders drückend. Völlige Windstille verlangsamte die Fahrt so sehr, daß die imposanten Ruinen von Wadi el-Sebua sich erst in den frühen Morgenstunden des 6. Novembers am Horizont abzeichneten. Auch dieser Tempel, der in Roberts große Bewunderung erweckte, hat später das gleiche Schicksal durchgemacht wie fast alle anderen nubischen Baudenkmäler: Erst zerlegt in große, numerierte Einzelblöcke, ist er dann etwa vier Kilometer von seinem ursprünglichen Standort entfernt wieder aufgebaut worden, im sogenannten Neu-Sebua, das sich am Ufer des großen Staubeckens befindet. Das Heiligtum wurde von Ramses II. erbaut und war Amun und dem Sonnengott Re-Harachte geweiht, höchste Gottheiten im ramessidischen Ägypten. Auch der Bauherr selbst ließ sich hier verehren, so daß der Tempel bekannt war als „Das Haus von Ramses-Meri-Amun im Reich des Amun“. Aus diesem Grund trugen die Sphingen und die Statuen vor dem Pylon die Gesichtszüge des vergöttlichten Herrschers.

In sein Tagebuch schrieb Roberts, daß der großartigste Teil des Komplexes eigentlich die lange Sphingenallee war, die zum Tempel hinführte, an deren Anfang zwei riesige Ramses-Statuen standen. Übrigens waren es diese Sphingen, durch die der Ort seinen heutigen Namen, das „Tal der Löwen“, bekam.

Die nebenstehende Abbildung ist von hohem dokumentarischen Wert, denn der größte Teil der Skulpturen ist leider unwiederbringlich verloren.

Aus dem Tagebuch von David Roberts:
6. November - Gestern zeigte das Thermometer 36 °C im Schatten an und es wehte kein Lufthauch. Nach dem Sonnenuntergang kam dann eine ganz leichte Brise auf und als wir heute morgen aufwachten, waren wir kurz vor Wadi el-Sebua. Die Tempelruinen liegen am Westufer des Nils, 450 Meter vom Fluß entfernt, in einer Ebene, die früher einmal sehr fruchtbar gewesen sein muß. Jetzt ist sie von großen Sandmassen bedeckt, die den Säulengang des Tempels unter sich vergraben.

Der Tempel von Wadi el-Sebua, vom Hof aus gesehen

Abbildung 17

6. November 1838

Der Eingang des eigentlichen Tempels besteht aus einem 20 Meter hohen, rötlichen Sandsteinpylon, vor dem früher einmal zwei Kolossalstatuen von Ramses II. Wache hielten, heute steht nur noch eine von ihnen aufrecht. Durch das Haupttor – verziert mit vertieften Reliefs, die den König bei einer Opfergabe an die Götter zeigen – gelangt man in den Hof, der auf beiden Seiten von Säulengängen mit jeweils fünf Pfeilern gesäumt ist, an die sich noch einmal genauso viele imposante Statuen des Pharaonen lehnen. Die in die Wände geschnittenen Basreliefs zeigen die üblichen Opferszenen.
Vom Vorhof führt eine Treppe auf eine schmale Terrasse; hier gelangt man durch das Portal in die große Halle, die in christlicher Zeit in eine Kirche umgewandelt worden war, nachdem ein großer Teil der Reliefs von Freskenmalereien überdeckt worden war. Diesem großen Raum, der nur zum Teil von einem durch Säulen gehaltenen Dach bedeckt ist, folgt ganz im Felsen ein Quersaal, der mit verschiedenen Kammern verbunden ist. Die zahlreichen Reliefs zeigen den vor den Göttern und seinem eigenen vergöttlichten Bild opfernden Ramses II.
In der Rückwand des Quersaales öffnen sich drei Kapellen, deren mittlere das Sanktuar ist. Die Bilder, mit denen die Wände hier verziert sind, stellen unter anderem den Pharao dar, während er der mit Falkenköpfen verzierten Sonnenbarke des Re-Harachte und der mit Widderköpfen geschmückten Amunbarke Blumen darbringt. In einer Nische befinden sich die von den ersten Christen stark beschädigten Statuen der drei im Heiligtum verehrten Gottheiten.
Als Roberts nach Wadi el-Sebua kam, war es nicht möglich, den unterirdischen Teil zu besichtigen, da er völlig unter dem Sand begraben war, der teilweise auch den Hof verschüttet hatte. Roberts bemerkte außerdem, daß das spröde Material des Gebäudes deutliche Zeichen der Erosion trug, und daß viele Steinblöcke, vielleicht durch Erdstöße bedingt, lose waren. Bei seinem Wiederaufbau waren dann auch umfangreiche Restaurierungsarbeiten am Tempel notwendig.

Aus dem Tagebuch von David Roberts:
6. November - Ein großer Teil des Tempels liegt begraben unter dem Sand, dessen glatte Oberfläche nur durch Schlangenspuren und durch die kleinen Fußabdrücke von ein paar Eidechsen unterbrochen ist. Es sieht hier wirklich so aus, als hätten sich die biblischen Prophezeiungen bewahrheitet: „Durch meine Hand soll Ägypten unfruchtbar und verwüstet sein, von Migdol bis nach Siene und bis zur äthiopischen Grenze.“

Zwei Kolossalstatuen im Tempel von Wadi el-Sebua

Abbildung 18

6. November 1838

Zwei riesenhafte Statuen standen vor dem Pylon als Wache und bildeten den Abschluß der langen Spingenallee, die zum Tempel hinführte; zwei weitere standen am Anfang der Allee und stellen Ramses II. mit Kopftuch und den Insignien des Osiris dar. Nur der Koloß, den Roberts aufrecht stehend gezeichnet hat, ist uns noch erhalten: Die anderen wurden entwendet oder mit der Zeit zerstört. Die Statue ist ein Abbild des Königs mit dem Symbol des Amun-Re, einer langen Stange mit Widderkopf, über dem die Sonnenscheibe und die Uräusschlange zu sehen ist; die heilige Kobra war das Sinnbild für Licht und Königlichkeit. Ramses ist nach nubischer Art zurechtgemacht: die Haare in feinen Zöpfen zusammengefaßt, ein feines Kopftuch und die Uräusschlange auf der Stirn.

Der Tempel von Sebua ist das einzige Heiligtum in Nubien, dessen Spinghenallee noch erhalten ist, wenn auch nur teilweise. Bevor der Tempel an einer etwa 60 Meter höheren Stelle wieder zusammengesetzt wurde, führte diese Allee direkt vom Nilufer zu dem Bauwerk.

Am 6. November, nachdem Roberts sich den ganzen Tag in Wadi el-Sebua aufgehalten und die Ruinen des Tempels ausreichend vermessen und gezeichnet hatte, setzte er seine Reise nach Abu Simbel fort. Der Schotte schrieb mehrfach in sein Tagebuch, wie sehr er auch die Fahrt auf dem Nil genoß, und zwar nicht nur der wunderschönen Landschaften wegen: Eine Mannschaft von so tüchtigen und disziplinierten Leuten unter sich zu wissen, machte ihn in der Tat sehr stolz. Auch kam es häufig vor, daß er mit der gleichen Freude die englische Fahne betrachtete, die sich an der Hauptsegelstange heftig im Wind bewegte, vor allem dann, wenn ihnen andere Schiffe begegneten, die mittlerweile verblichene Fahnen oder den Halbmond des ägyptischen Paschas gehißt hatten.

Colossus in front of Temple of Wady Saboua – Nubia –

Aus dem Tagebuch von David Roberts:
9. November - Heute morgen erreichte ich endlich Abu Simbel, den großen Felsentempel, der schon so oft beschrieben worden ist.
An der Stirnseite des Berges sind vier menschliche Figuren in sitzender Position in den Stein gehauen.

Die Ankunft vor den Tempeln von Abu Simbel

Abbildung 19

7. - 9. November 1838

Am Morgen des 7. November legten die zwei Boote in der Nähe von Kosocko an, einer kleinen, freundlichen Stadt, und man entschied, den ganzen Tag dort zu verbringen; nach einer solch langen Schiffsreise war der Aufenthalt mehr als willkommen und Roberts verbrachte seine Zeit damit, die einheimischen Gebräuche mit der ihm eigenen Neugier zu beobachten. Bei Sonnenuntergang kam die Mannschaft zurück an Bord und wenige Stunden später lagen Hassaia und Derr schon hinter ihnen.
Ganz früh am nächsten Morgen konnte der Maler die eindrucksvollen Ruinen der Festung Kasr Ibrim bewundern. Er nahm sich vor, diese erst auf der Rückfahrt noch einmal genauer zu betrachten, denn nun lag das ersehnte Ziel seiner Reise nur noch wenige Meilen vor ihm.
Und in der Tat tauchte bei Einbruch der Dämmerung am Horizont Abu Simbel auf, und einzig die zunehmende Dunkelheit war jetzt noch fähig, den so lange erwarteten Augenblick hinauszuzögern. Nach wenigen Stunden Schlaf hatte David Roberts endlich sein Ziel erreicht, nämlich den beiden riesigen, in den Felsen geschlagenen Tempeln gegenüberzustehen: Bei Tagesanbruch am Freitag, den 9. November 1838. Abu Simbel war gerade erst 25 Jahre vorher, im März 1813, von dem berühmten schweizerischen Entdecker Johann Ludwig Burckhardt entdeckt worden, aber die Tempel hatten schon bald einen großen Bekanntheitsgrad erreicht. Im Jahre 1815 kamen der Engländer William John Bankes und der Italiener Giovanni Finati nach Abu Simbel, angezogen durch die Beschreibungen dieses einzigartigen Ortes. Es gelang ihnen, in den kleineren Tempel einzudringen, der der Hathor und der Königin Nefertari geweiht war. Gegen die enormen Sandverwehungen, die die Vorderseite des großen Tempels verschlossen, von dem sie nur den Rumpf von einer der vier großen Statuen von Ramses II. sahen, konnten die zwei Forscher aber nichts ausrichten. Nachdem auch der piemontesische Konsul Drovetti bei dem gleichen Versuch scheiterte, gelang es Giovanni Battista Belzoni am 1. August 1817 endlich, in den Tempel hineinzukommen. Mehr als einen Monat lang hatte er daran gearbeitet, den Eingang freizulegen. Als Roberts nach Abu Simbel kam, war die Talmulde zwischen den beiden Felsentempeln noch teilweise mit großen Sandverwehungen ausgefüllt, die bis an den Nil hinunterreichten, aber die zwei Baudenkmäler waren zum großen Teil zu sehen. Roberts war der erste, der sie in ihrer ganzen Pracht genau gezeichnet hat, auch hier mit der ihm eigenen minutiösen Sorgfalt was Details und architektonische Proportionen anbelangt.

Aus dem Tagebuch von David Roberts:

9. November - Es ist bestürzend, daß diese Meisterwerke antiker Kunst nicht nur von Souvenirjägern beschädigt, sondern auch noch von Namenszügen der verschiedensten Tomkins, Smith und Hopkins verschandelt sind. Eine Hand der am besten erhaltenen Kolossalstatue ist von diesen Frevlern zerstört worden. Sie haben nicht nur einen Finger der großen Statue mitgenommen, sondern auch noch die Frechheit besessen, ihre dummen Namen sogar in die Stirn der Götterstatue zu hauen.

Der grosse Tempel von Abu Simbel

Abbildung 20

9. November 1838

Roberts beschrieb Abu Simbel als „das Monument, das schon für sich allein genommen eine Reise nach Nubien wert ist". Die Kolosse vor dem Tempel waren außergewöhnlich gut erhalten, was zweifellos dadurch bedingt war, daß sie über lange Zeit unter dem Sand verborgen geblieben waren, der sie vor den Bedrohungen durch die Zeit und die Naturgewalten bewahrte. Und doch hat die Kurzsichtigkeit der Reisenden aus dem Westen in den wenigen Jahrzehnten, die seit der Entdeckung von Abu Simbel vergangen waren, schon unauslöschbare Spuren hinterlassen: Dutzende von Unterschriften, die in den Stein hineingeritzt waren, entstellten die hieratische Würde der Statuen. Und als ob das noch nicht genug gewesen wäre, hatten die gleichen Vandalen auch noch zahlreiche Bruchstücke entfernt, um sie bei ihrer Heimkehr als Souvenir präsentieren zu können. Angewidert durch solche Verunstaltungen wünschte Roberts den Sand zurück, um den wundervollen Tempel wieder unter sich zu verbergen. Daher mutet es schon merkwürdig an, daß auf der Lithographie genau auf dem Fußrücken des ersten Kolosses der Namenszug von Roberts selbst zu sehen ist. Dieser peinliche „Vorfall" ist jedoch auf Louis Haghe zurückzuführen, der ihn hier verewigte, sicherlich in dem Glauben, Roberts eine Freude damit zu machen. Daß nicht Roberts selbst es war, wird auch dadurch um so wahrscheinlicher, als daß sich an den Namenszug die Abkürzung „R.A.", Royal Academist, anschließt, was er zu der Zeit noch nicht war, erst zwei Jahre später wurde er ordentliches Mitglied in der Royal Academy.

Die Kolossalstatuen Ramses' II., Abu Simbel

Abbildung 21

9. November 1838

Auch heute noch löst der Tempel seiner gigantischen Größe wegen bei den Besuchern sprachloses Erstaunen aus: Die Tempelfassade ist 38 Meter breit und 31 Meter hoch, das entspricht etwa einem modernen 9stöckigen Wohnhaus. Die vier Ramsesstatuen, die mehr als 20 Meter hinaufragen, sind hervorragend fein gearbeitet. Sie sind verziert mit der Doppelkrone beider Ägypten und mit der Uräusschlange, dem Attribut des Osiris. Die damaligen Architekten lösten von der Statik her gesehen das schwerwiegende Stabilitätsproblem des ganzen Komplexes, indem die vier Kolossalstatuen als tragende Säulen genutzt wurden, auf die der ungeheure Druck der dahinterliegenden Felsenmassen gleichmäßig verteilt wurde. Die großartig gearbeitete Tempelfassade wurde unter dem Befehl des obersten Steinmetzes Pyay, an dessen Namen eine Inschrift erinnert, von einer Vielzahl von Sklaven vollendet. Sie ist von einem konvexen Gesims umrahmt, oberhalb dessen sich ein Hochrelief mit 22 betenden Pavianen befindet, von denen jeder zweieinhalb Meter groß ist. Unterhalb des Wulstes verläuft ein Kranzgesims mit der Weihinschrift, und noch weiter darunter ist in eine Nische mitten in der Tempelfassade die große Re-Harachte-Statue mit dem Falkenkopf eingehauen. Da der Gott die rechte Hand auf das schakalköpfige User-Szepter und die linke Hand auf das Szepter der Maat, Göttin der Wahrheit und der Gerechtigkeit, stützt, ergeben die drei Figuren zusammengenommen, wie in einem Bilderrätsel, den Namen User-Maat-Re, den Krönungsnamen des Pharaos. An den Seiten geben zwei versenkte Reliefs die Gesichtszüge Ramses' II. wieder. Zwischen den Beinen jeder Figur befinden sich weitere Statuen in einem kleineren Maßstab, die verschiedene Mitglieder der königlichen Familie darstellen; auf dem Sockel und an den Seiten der Sitze heben sich dagegen Bilder von schwarzen und asiatischen Gefangenen hervor. Auf die Arbeit der Steinhauer und Steinmetze folgte dann die der Maler, aber die Zeit und das unaufhörliche Wirken von Wind und Sand haben jedoch das reichhaltige Farbenspektrum, so wie es zur Zeit Ramses' II. gewesen sein mußte, völlig ausgelöscht. Die Erbarmungslosigkeit der Natur wütete schon im Altertum gegen den Tempel, und in der Tat wurden dem Tempel durch Erdstöße die größten Schäden zugefügt. Eine der Kolossalstatuen, die dritte von links, wurde während der Regentschaft des Pharaos Sethos II., etwa 1200 v. Chr., wieder instandgesetzt, wohingegen die zweite Figur bereits im 34. Jahr der Herrschaft von Ramses ihren Oberteil verloren hatte, der seitdem zu ihren Füßen liegt.

Aus dem Tagebuch von David Roberts:
9. November - Dieser Tempel wird von keinem anderen ägyptischen Bauwerk an Schönheit und Größe übertroffen, nicht einmal von den thebanischen Heiligtümern. Vergleicht man ihn mit den Isisköpfen, die die Kapitelle des Tempels von Dendera schmücken, dem aufwendigsten und am feinsten gearbeiteten Tempel in Ägypten, erscheint die arme Göttin beinahe schon grob. Dazu kommt noch, daß der Tempel von Dendera viel jünger ist als Abu Simbel.

Das Innere des Grossen Tempels, Abu Simbel

Abbildung 22

9. November 1838

Der Felsentempel von Abu Simbel ist das Symbol schlechthin für den grenzenlosen Ehrgeiz des mächtigsten Pharaos im alten Ägypten. Theoretisch war der Tempel der göttlichen Triade Amun-Re, Harachte und Ptah geweiht worden, doch in Wirklichkeit sollte er über die Jahrhunderte hinweg dem Namen seines Bauherren Ruhm verleihen: Ramses II., der fast 67 Jahre regierte, von 1290 bis 1224 v.Chr. Die Abbilder des Königs wiederholen sich unzählige Male an der Vorderseite des Tempels und auf den Wänden der verschiedenen Säle, sie zeigen ihn während der einzelnen Phasen seines Lebens, als Sohn, Ehemann, als glücklichen Vater, glorreichen Krieger, großen Priester und schließlich, wie er als Gott auf Erden verehrt wird. Trotzdem wäre es falsch, Abu Simbel als die Verwirklichung der Träume eines Megalomanen anzusehen, denn Ramses II. war ein großer König, ein geschickter Diplomat, und ein ausgezeichneter Stratege, dessen Selbstvergöttlichung den letzten Schritt in einem auf die unerschütterliche Stabilität seiner Regierung abzielenden Plan darstellte.

Aus architektonischer Sicht ist das große Heiligtum von Abu Simbel im Grunde nichts anderes als die hervorragende Umsetzung der baulichen Elemente der klassischen ägyptischen Tempel in den Felsen. Während die Tempelfassade noch als Pylon im eigentlichen Sinne zu verstehen ist, liegen die dahinterliegenden Säle nicht erhöht, sondern ziehen sich eher wie ein riesengroßer Tunnel durch die Sandsteinschichten.

Der Übergang von der lichtüberfluteten Außenwelt in die stille Dunkelheit des Pronaos ist eine unbeschreibliche Erfahrung, die den schottischen Maler sehr bewegte. Die Decke der riesigen, etwa 18 Meter langen und 16 Meter breiten Pfeilerhalle wird von zwei Reihen mit je vier, zehn Meter hohen Pfeilern getragen, an die noch einmal genauso viele Statuen gelehnt stehen, die Osiris mit den Gesichtszügen Ramses' II. darstellen. Die Figuren der linken Seite tragen die weiße Krone Oberägyptens, die auf der rechten Seite die „Pschent" oder Doppelkrone; die auf der Brust gekreuzten Arme halten das Heka, den Krummstab und das Nekhakha, die Geißel, beides Symbole von Macht und Königtum. Die Decke des Mittelschiffes ist mit einem großen Geier bemalt, dem Heiligen Tier der Nechbet, Schutzgöttin von Oberägypten. Die Decken der beiden Seitenschiffe stellen einen Sternenhimmel dar. Der größte Teil der Wandmalereien zeigt Szenen aus der Schlacht von Kadesch, die im fünften Jahr seiner Herrschaft den siegreichen Abschluß seines Feldzugs gegen die Hethiter bildete. Viele Szenen zeigen den König, wie er den Göttern die Gefangenen als Opfer darbietet. Ein absolutes Meisterwerk ist das vertiefte Relief, das den Pharao stehend auf seinem Streitwagen zeigt. Von der Pfeilerhalle aus gehen nach links und rechts noch sechs andere Säle, in denen die Weihopfer aufbewahrt wurden. An die Pfeilerhalle schließt sich ein zweiter Hypostyl an, der von vier quadratischen Pfeilern getragen wird. Die Pfeilerseiten sind bemalt mit Bildern des vor verschiedenen Göttern sitzenden Pharaos. Zu beachten ist der grobe Fehler in der Datierung des Gemäldes durch Haghe oder einen seiner Assistenten: Tag und Monat sind richtig, nicht aber das Jahr.

David Roberts R.A.

Das Naos des Grossen Tempels, Abu Simbel

Abbildung 23

10. November 1838

Das Sanktuar, der abgelegenste und geheimste Ort des Tempels, befindet sich 65 Meter vom Eingangstor entfernt im Herzen des Felsens. In diesem kleinen, vier Meter breiten und gut sieben Meter tiefen Raum, befinden sich die Statuen von Amun-Re, Harachte, Ptah und von Ramses II. selbst. Durch eine genaue Beobachtung der Anordnung des Tempels erkannte man schon im 19. Jh., daß dieser nach einem genauen Plan errichtet worden war, in dem nichts dem Zufall überlassen worden war. Zweimal im Jahr, im Frühling und im Herbst, dringen um 5 Uhr 58 die Strahlen der aufgehenden Sonne durch den Gang, der zwischen dem Eingang und dem Schrein liegt und erhellen erst die linke Schulter von Amun-Re und kurz darauf, nachdem sie das Abbild des Königs berührt haben, sammeln sie sich auf Harachte. Nach ungefähr 20 Minuten ist das „Sonnenwunder" vorüber. Die Tatsache, daß die Statue der letzten Gottheit nie vom Sonnenlicht erhellt wird, hat seine Bedeutung, denn Ptah war u. a. der Herrscher des Verborgenen. Die Faszination, die von Abu Simbel ausgeht, liegt aber nicht nur in dieser, wenn auch genialen Einzelheit. Um die Bedeutung des nubischen Tempels in seiner Ganzheit zu verstehen, muß man bedenken, daß sich hier Ramses II. vergöttlichen wollte. Der Pharao verehrte anfangs den Horus, Sohn von Isis und Osiris und Gottheit von Meha; später begann er sich mit dem Gott selbst zu identifizieren und beschloß, genau in den Berg von Meha, dem jetzigen Abu Simbel, einen Tempel zu bauen.
Die Einweihung hat wahrscheinlich an dem Tag stattgefunden, an dem Ramses das bedeutende dreißigjährige Jubiläum gefeiert hat. Die schrittweise Beleuchtung der drei Gottheiten vollzieht sich zwischen dem 10. Februar und dem 1. März und zwischen dem 10. und 30. Oktober. Am 20. Februar und am 20. Oktober (heute bedingt durch die Umsetzung des Tempels jeweils am 21.) liegen die ersten Sonnenstrahlen genau auf der Tempelachse: der Tag im Oktober entspricht möglicherweise dem Krönungstag Ramses' II., der sich hier auf die gleiche Ebene mit Ägyptens Hauptgottheiten stellt.
Als es notwendig wurde, die Tempel von Abu Simbel an einem höhergelegenen Ort wiederaufzubauen, um sie vor der Überflutung durch den Nasser-See zu schützen, wurde der Ausrichtung des Allerheiligsten eine besondere Bedeutung beigemessen, damit das „Sonnenwunder" sich auch weiterhin vollziehen konnte. Die Umsetzungsarbeiten wurden im Frühling 1964 unter der Schirmherrschaft der UNESCO begonnen und vier Jahre später abgeschlossen. Im Großen Tempel, der in 807 Einzelblöcke mit einem Durchschnittsgewicht von 20 Tonnen zerlegt wurde und über einem gigantischen Betonunterbau wieder zusammengesetzt wurde, konnte sich im Februar 1969 das „Sonnenwunder" wiederholen, genau wie es schon 3000 Jahre zuvor stattfand.

Aus dem Tagebuch von David Roberts:
9. November - Im Inneren des Allerheiligsten befinden sich die bemalten Statuen von vier Gottheiten; vor ihnen steht ein Altar, der ebenfalls in den Felsen gehauen ist. Die Kanten sind noch unversehrt, aber der obere Teil ist beschädigt. Etwas ähnliches habe ich bisher noch nicht gesehen, es ist wirklich faszinierend. Zu beiden Seiten des Altars, etwa 60 Zentimeter davor, sind Kannelüren und Löcher, vielleicht von einer Art Tor, durch das den Gläubigen der Zugang zu dem Raum verwehrt wurde.

Von Abu Simbel nach Kairo

11. November - 21. Dezember 1838

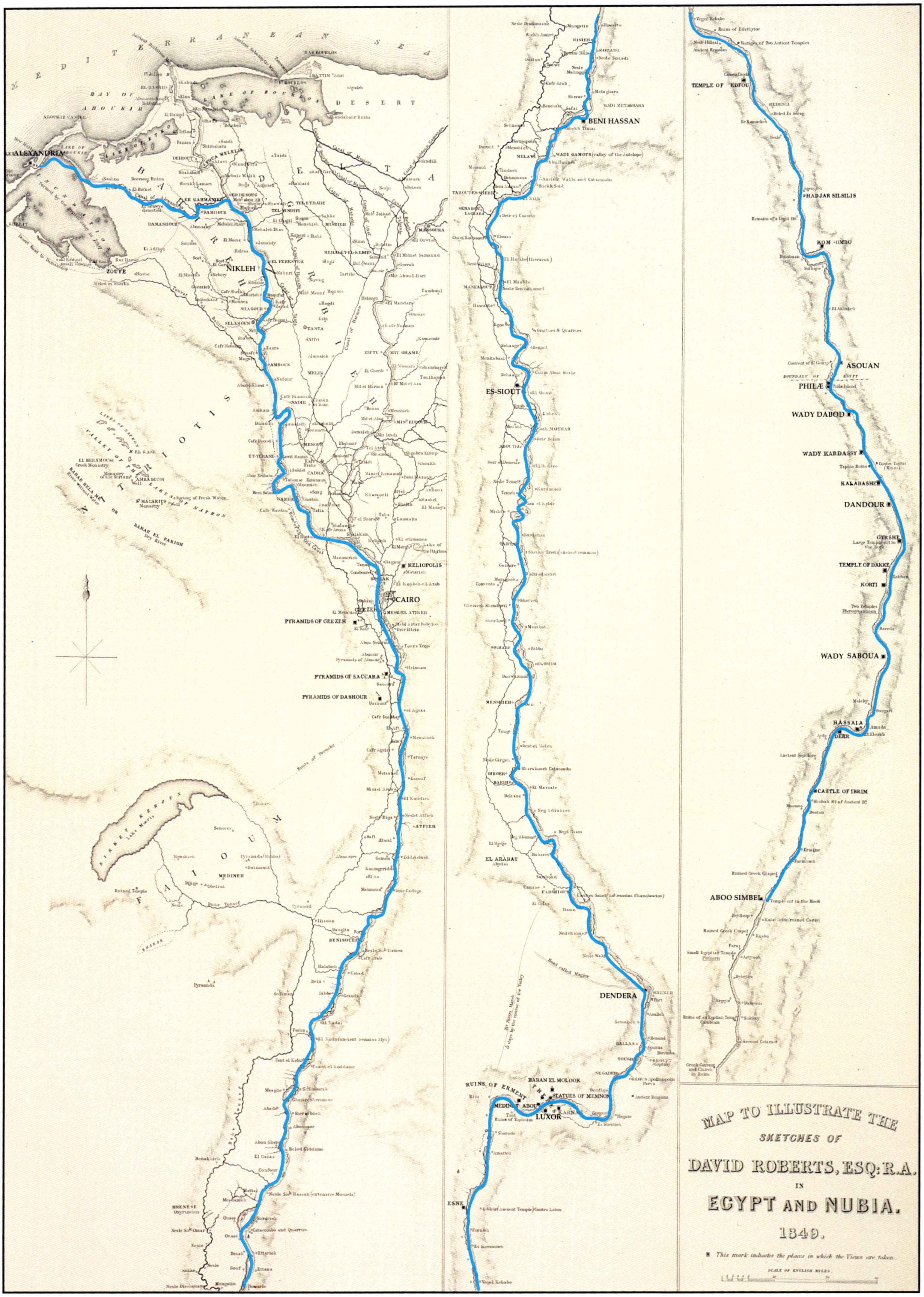

EGYPT & NUBIA.
David Roberts R.A.
WILLIAM BROCKEDON, F.R.S.
LOUIS HAGHE.
VOL. I.
Entrance to the Great Temple of Aboo Simble, Nubia.
LONDON, F.G. MOON, 20, THREADNEEDLE STREET,
PUBLISHER IN ORDINARY TO HER MAJESTY.
MDCCCXLVI.

Der Nil, in der Nähe der Festung Kasr Ibrim

Abbildung 24

11. - 12. November 1838

Das 850 Kilometer von Kairo entfernte Abu Simbel war für gewöhnlich der südlichste Punkt, den europäische Reisende damals erreichen wollten, und Roberts machte dabei keine Ausnahme. Während der Künstler mit Stiften und Aquarellfarben beschäftigt war, wagten sich die anderen Teilnehmer der Expedition weiter vor bis nach Wadi Halfa, um den Zweiten Nilkatarakt zu sehen. Ihre Beschreibung, die ihn alles andere als begeisterte, überzeugte ihn davon, nicht weiter nach Süden vorzudringen. Er hielt es im Gegenteil für viel sinnvoller, die letzten Zeichnungen zu vervollständigen, in denen deutlich zum Ausdruck kommt, daß er den Großen Tempel dem Heiligtum der Hathor und der Nefertara vorzog, in dem sich noch dazu Unmengen von Fledermäusen und anderem „Viehzeug" eingenistet hatten, und sich dann rasch auf den Rückweg zu machen. Am 11. November, bei Einbruch der Nacht, begannen die zwei Boote also ihre Fahrt flußabwärts und wenige Stunden später legten sie in der Nähe der Festung Kasr Ibrim an. „Gott sei Dank, der Bug unseres Bootes zeigt jetzt in Richtung Norden, hin zur Zivilisation", dieser Eintrag bringt kurz und knapp die Erleichterung zum Ausdruck, die die ganze Gruppe bei dem Richtungswechsel verspürte. Über Wochen hinweg hatten Roberts und die anderen auch die unerträglichste Hitze ausgehalten, hatten Datteln und abgestandenes Wasser zu sich genommen, wurden von Mücken- und Bremsenstichen geplagt, hatten oft unter unangenehmen Bedingungen übernachtet, dick eingewickelt in ihre Jacken, um sich vor der nächtlichen Feuchtigkeit zu schützen. Nun mußte ihnen allein der Gedanke an die Bequemlichkeiten, die Kairo bieten würde, paradiesisch vorkommen.

David Roberts R.A. _ L. Haghe Lith.

Aus dem Tagebuch von David Roberts:
11. November - Die Trümmer liegen in Schichten übereinander und man sieht deutlich, daß die Wohnstätten rings um die Festung herum aus den Ruinen von älteren Bauten entstanden sind. Die Festung mußte sehr mächtig gewesen sein; hier und da sieht man Reste, die auf ihren weit zurückliegenden Ursprung hinweisen.

DIE FESTUNG KASR IBRIM

Abbildung 25

12. November 1838

Am 12. November wachte Roberts bei Sonnenaufgang auf und war während der ersten Stunden des Tages mit seinen Zeichnungen beschäftigt. Die Ruinen der Festung Kasr Ibrim, die sich einst einsam auf einem steilen, nahe an den Nil heranreichenden Abhang erhob, boten ein eindrucksvolles Bild, und in gewisser Weise erinnerten sie ihn an die maurischen Schlösser, die er während einer Reise durch Spanien gesehen hatte.

Die Ursprünge der Festung reichen bis in die Zeit der römischen Herrschaft zurück. Damals war der Ort unter dem Namen Primis bekannt und stellte den wichtigsten strategischen Punkt in ganz Nubien dar, da diese Lage die Überwachung des gesamten Verkehrs auf dem Nil ermöglichte. Im 16. Jh. war die Festung von den bosnischen Söldnern besetzt, die von Sultan Selim I. zur Eroberung der gesamten Region ausgesandt worden waren. 1812 wurde die Festung von den Mamelucken besetzt, die auf der Flucht vor dem Heer Ibrahim Paschas waren, wurde aber im gleichen Jahr wieder zurückerobert und zerstört. Leider sind die Ruinen der Festung heute in den Fluten des Nasser-Sees untergegangen, wodurch dem Werk Roberts' ein einzigartiger dokumentarischer Wert zukommt. Da der Künstler von diesem Zeitpunkt an seine Reisegefährten nicht mehr ausdrücklich erwähnt, kann man wohl davon ausgehen, daß Oberst Nelley, Mister V. und Mister A. beschlossen hatten, auf direktem Weg nach Kairo zurückzukehren.

Der Tempel von Amada, in der Nähe von Hassaya

Abbildung 26

12. - 13. November 1838

Im Laufe der Nacht kam das Boot in El-Derr, der damaligen Kreisstadt von Nubien, an. Roberts beschrieb das heute versunkene El-Derr als eine große Stadt, deren Häuser zweifellos die solidesten und die schönsten in diesem Teil Ägyptens waren. Es war auffällig, daß die Wände der Häuser nach innen geneigt waren, so daß sie die Form einer abgestumpften Pyramide hatten. Mehr als alles andere beeindruckte ihn ein riesiger Maulbeerfeigenbaum, der mitten im Ort thronte. Anschließend besuchte er auch den nahegelegenen kleinen Felsentempel. Eine Zeichnung geben. Der Pronaos war mit einer plumpen, wuchtigen Kuppel aus Lehm und Stroh überdeckt, die mit großer Sicherheit errichtet worden war, als der Tempel in eine christliche Kirche umgewandelt worden war. Den Grundstein zu dem Tempel hatte Tuthmosis III. gelegt, die Arbeit wurde dann unter Amenophis II. im 15. Jh. v. Chr. fortgeführt. Dieses Heiligtum hat keine gigantischen Dimensionen vorzuweisen, aber es ist von ausgewogenen Proportionen und vollständig mit fein geschnittenen Reliefdarstellungen bedeckt. Im Zuge der Rettungsaktion der nubischen Tempel wurde der Tempel

machte er aber nicht davon, wohl weil er ihm im Vergleich zu Abu Simbel sehr bescheiden vorkommen mußte. Am nächsten Tag stand das Heiligtum von El-Amada auf dem Plan, das sich in der Nähe von Hassaya befand. Das Baudenkmal lag teilweise unter dem Sand begraben und war von verschiedenen baufälligen Behausungen umvon El-Amada komplett in ein 900 Tonnen schweres Gerüst aus Stahl und Beton eingeschlossen und so mit Hilfe einer speziell angefertigten dreischienigen Zahnradbahn an seinen neuen Standort gebracht, der sich fast drei Kilometer entfernt und 60 Meter höher als vorher befindet.

Aus dem Tagebuch von David Roberts:
13. November - Der Tempel ist noch gut erhalten, und seine Mauern, wie auch die der zwei mit ihm verbundenen Tempelräume, sind mit detaillierten und kunstvollen Hieroglyphen beschriftet, die mit größerer Geschicklichkeit angefertigt worden sein müssen, als die in den meisten anderen, ähnlich gestalteten Bauwerken. Die Farben sind brillant und in fast perfektem Zustand.

DER TEMPEL VON MAHARRAKA

Abbildung 27

14. November 1838

Nachdem er die ganze Nacht auf dem Boot unterwegs gewesen war, kam Roberts in den frühen Morgenstunden des 14. Novembers in Sichtweite des Tempels von Maharraka, den er schon zehn Tage zuvor besucht hatte. Dieses kleine Bauwerk zeigte sich damals in einem ziemlich verfallenen Zustand, und doch standen von den sechzehn Säulen des inneren Hofes noch gut vierzehn aufrecht. Aus der Tatsache, daß die Kapitelle nur angedeutet waren, und die Wandverzierungen beinahe völlig fehlten, konnte Roberts schnell den Schluß ziehen, daß dieses Bauwerk niemals fertiggestellt worden war. So erging es aufgrund des sich in dieser Region durchsetzenden Christentums dem größten Teil der nubischen Tempel. Die zahlreichen noch sichtbaren Freskenmalereien mit biblischem Inhalt bezeugen zweifelsfrei die Umwandlung des ursprünglich Isis und Sarapis geweihten Heiligtums in eine christliche Kirche. Der Tempel, von dem uns nur die in der nebenstehenden Abbildung zu sehende Säulenhalle erhalten ist, stand einst an der Stelle der alten Stadt Hierasykaminos, der „Stadt der heiligen Sykomore", die von 23 v. Chr. bis 297 n. Chr. die südlichste Grenze des römischen Reiches darstellte. Die Wendeltreppe an der Nordostecke, die auf das Dach des Säulenganges hinaufführt, stellt einen einzigartigen Sonderfall in der ägyptischen Architektur dar, und läßt sich nur damit erklären, daß der Tempel beinahe ausschließlich von einem römischen Architekten geplant worden war. Auch der Tempel von Maharraka, der schon 1908 restauriert worden war, wurde während der Maßnahmen zur Rettung der nubischen Tempel in Einzelteile zerlegt und in Neu-Sebua wiederaufgebaut. Zur Erläuterung muß gesagt werden, daß nicht weniger als etwa 20 Tempel, die am Ufer des Nils zwischen dem Ersten und dem Zweiten Katarakt lagen, infolge des Baus des am 15. Januar 1971 eingeweihten Assuan-Hochdammes der Gefahr ausgesetzt waren, in den Fluten des neuentstehenden Nasser-Sees unterzugehen. Um sie zu retten, entwickelte die UNESCO eines der ungewöhnlichsten Rettungsprogramme, die je im Rahmen der internationalen Denkmalpflege beschlossen worden waren. Dadurch konnte der größte Teil der betroffenen Baudenkmäler erhalten bleiben. Ägypten machte fünf der kleineren Tempel Staaten zum Geschenk, die sich großzügig an diesem kolossalen Unternehmen beteiligt hatten – den USA, Holland, Deutschland, Italien und Spanien, wo sie wieder aufgebaut wurden. Die bedeutendsten Tempel wurden jedoch an drei verschiedenen Orten in Ägypten wieder errichtet: Neu-Kalabscha, wo sich auch der Felsentempel von Beit el-Wali befindet, Neu-Sebua und Neu-Amada. Und doch konnten trotz dieser gigantischen Anstrengungen nicht alle nubischen Baudenkmäler gerettet werden, und so sind einige von ihnen nun für immer unter dem Wasser des Nils verborgen.

David Roberts R.A. _ L. Haghe, lith.

Nubian Women at Kortie, on the Nile

Nubische Frauen in Korti

Abbildung 28

14. November 1838

Dieses Bild, das in den modernen Reproduktionen von Roberts' Werk meist vernachlässigt wird, da es kein Baudenkmal zeigt, gibt Aufschluß über das zeitgenössische Kunstverständis der Epoche, in der Roberts lebte und arbeitete, es war zwar schon recht sittsam aber noch nicht von den viktorianischen Moralvorstellungen völlig beherrscht. Die abgebildete Szene zeigt einige junge nubische Frauen, die in der Nähe von Korti – einem Dorf, wo das Boot am Nachmittag des 14. Novembers angelegt hatte – damit beschäftigt sind, Wasser zu holen. Mehr als auf die einheimischen Gebräuche ist die Aufmerksamkeit jedoch auf die Anmut der Mädchen gerichtet. Offensichtlich war Roberts sowohl für den Zauber des Exotischen als auch für den Zauber des Weiblichen empfänglich, und hier in diesem seltenen Fall nahm sich sein Temperament als Mann und als Künstler diese Freizügigkeit heraus. Im übrigen waren viele Maler seiner Zeit – wie Prisse d'Avennes – von der geschmeidigen Anmut der einheimischen und insbesondere der der knapper bekleideteten Mädchen geblendet, die im Namen der Kunst ein hervorragendes Modell darstellten. Ein Modell vor allem, das von den Malern unter dem Vorwand des rein ethnologischen Interesses ohne Verlegenheit genossen werden konnte.
In diesem Zusammenhang soll auch noch hinzugefügt werden, daß Roberts in seinem Tagebuch mehrfach interessiert die Schönheit der einheimischen Frauen anspricht, und es ist schade, daß der Reisebericht uns nicht direkt aus seiner Hand stammend vorliegt, sondern nur in einer von der zurückhaltenden Christine umgeschriebenen und in Teilen gestrichenen Version. Seine Tochter befand offensichtlich gewisse Passagen für zu freizügig, als daß sie hätten veröffentlicht werden können. Vielleicht fürchtete sie auch, daß sie ein zweideutiges Licht auf den mittlerweile berühmten Vater hätten werfen können. Es ist ein Jammer, wie gesagt, denn das Porträt des Künstlers würde sicherlich an Menschlichkeit hinzugewinnen und weniger steril erscheinen.

Eine Gruppe abyssinischer Sklaven in Korti

Abbildung 29

14. November 1838

In der Nähe von Korti traf Roberts auf eine Gruppe von abyssinischen Sklaven, meist junge Frauen, die im Schatten einiger vereinzelter Palmen darauf warteten, zum Markt nach Kairo gebracht zu werden. Das Mädchen in der Mitte des Bildes bereitet das für die Zubereitung von Brot nach einem jahrtausendealten Verfahren notwendige Dourra-Mehl vor. Wie alle Europäer fand auch Roberts die Sklaverei erschütternd und abstoßend, und obwohl die nebenstehende Lithographie einen friedlich ländlichen Anschein erweckt, war ihm die ganze Szene zuwider. Fast alle Sklaven waren verängstigt aussehende Knaben oder junge Frauen. Einige von ihnen hatten scheinbar Fieber, und zwei, die etwas abseits von den anderen lagen, schienen sogar dem Tod nahe zu sein. Für die abyssinischen Mädchen wurde in Ägypten ein hoher Preis gezahlt. Sie waren aufgrund ihres gutmütigen Charakters, ihrer Intelligenz und ihrer beachtlichen Schönheit sehr gefragt. Die Reise war für diese armen Menschen eine schlimme Qual, waren sie dann aber in den Besitz ihrer neuen Herren übergegangen, bekamen sie gutes Essen, schöne Kleidung und wurden freundlich behandelt. Meist kamen sie in einen Harem der Mittelklasse oder sonst eines wohlhabenden Herren. Die Sklavenhändler waren gutaussehende Nubier mit einer einzigen Ausnahme: ein brutaler, sicherlich drogenabhängiger Kerl, der über eine ganze Zeit beharrlich, aber erfolglos versuchte, mit Roberts und seinen Leuten ins Geschäft zu kommen. Diese Lithographie stellt ein wertvolles Zeugnis einer glücklicherweise untergegangenen Epoche dar, aber auch aus einem zweiten Grund ist sie von historischer Bedeutung: Roberts hat nämlich im Hintergrund eine Gesamtansicht des Amun-Tempels von Wadi Dabod eingefügt, der in Wirklichkeit einige Kilometer von Korti entfernt ist. Damals war das Heiligtum noch beinahe vollständig erhalten, aber nur wenige Jahrzehnte später, um 1895, wurde der erste der drei Pylonen vom Nil weggespült.

Aus dem Tagebuch von David Roberts:
14. November - In Korti stehen die Überreste eines wirklich kleinen Tempels, der kaum einen Besuch wert ist. Die Stadt selbst ist dagegen sehr interessant. Bei unserer Ankunft schienen die Bewohner sehr erschreckt, vor allem die Frauen und Kinder. Dieses seltsame Verhalten, so wurde uns erklärt, rührt daher, daß häufig viele von ihnen als Sklaven fortgebracht werden, und so löst schon der bloße Anblick eines weißen Mannes unter ihnen großen Schrecken aus.

Der Tempel von Dakka

Abbildung 30

14. November 1838

Etwa zwei Stunden Fußmarsch von Korti entfernt lagen die herrlichen Ruinen des Tempels von Dakka, ein wahres Schmuckstück an Architektur und Bildhauerei, und Roberts beeilte sich, um ihn noch vor Sonnenuntergang zu erreichen.
Das größenmäßig eher bescheidene, aber wohl ausgewogene Heiligtum war dem Gott Thot von Pnubs geweiht, einer äthiopischen Stadt, die von den Griechen Paothnuphis genannt wurde. Die Achse des Bauwerks verlief, abweichend von jener der meisten anderen nubischen Tempel, von Norden nach Süden. Der Tempel entstand am Ende des 3. Jahrhunderts v. Chr. unter dem äthiopischen König Ergamenes und seines Zeitgenossen, dem mazedonischen Pharao Ptolemaios IV. Philopator. Später wurde unter Ptolemaios VII. Euergetes die Vorhalle hinzugefügt, und erst während der römischen Herrschaft erhielt der Tempel durch den Einbau des großen Pylonen in die äußerste Umfassungsmauer, die heute fast völlig verschwunden ist, seine endgültige Gestalt. Auf der Vorderseite der zwei Türme sind einige Reliefs und zahlreiche griechische und demotische Inschriften zu sehen, die auf Besucher schon im Altertum zurückzuführen sind: Die schlechte Angewohnheit, ein persönliches Zeichen auf Baudenkmälern zu hinterlassen, hat wohl ihren Ursprung in weit zurückliegender Zeit.
Der Säulenhof, der sich ursprünglich zwischen dem Pylon und der Vorhalle befand, ist völlig zerstört, aber der hintere Teil des Tempels ist noch sehr gut erhalten.
Auch der Tempel von Dakka mußte wegen des Hochdamms verlegt werden und wurde in Neu-Sebua wieder aufgebaut. Bei den Arbeiten entdeckte man, daß einige Blöcke offenbar aus einer Wiederverwertung stammten. Sie gehörten vorher zu einem älteren Tempel, der aus der Zeit der Königin Hatschepsut stammte und dem Horus von Beki geweiht war. Diese Stadt, von wo aus man im Altertum die Goldminen von Umm Garajat erreichte, ist heute in den Fluten des Nasser-Sees versunken.
Man beachte das eindeutig falsche Datum rechts unten auf der Lithographie, das zweifellos auf ein Versehen durch Haghe oder einen seiner Mitarbeiter zurückzuführen ist.

Aus dem Tagebuch von David Roberts:
14. November - Der Tempel von Dakka ist ein so wunderbares Bauwerk, daß jeder, dem es darum geht, nur einen Eindruck der Schönheit ägyptischer Baukunst mit nach Europa zu nehmen, seine Reise hier abbrechen könnte.

Der Felsentempel von Gerf Hussein

Abbildung 31

15. November 1838

Da Roberts Dakka erst am späten Abend verlassen hatte, kam er mitten in der Nacht in Gyrshe an, einem Ort, der später unter dem Namen Gerf Hussein bekannt wurde. Unermüdlich wie immer, war er schon bei Sonnenaufgang unterwegs zu der Anhöhe, auf der ein unter der Herrschaft Ramses' II. entstandener, ausgegrabener Felsentempel stand. Diese Lithographie und die Beschreibung des Ortes scheinen heute von einem Hauch dramatischer Melancholie durchdrungen zu sein, denn das Heiligtum des „Ramses-Merit-Amun im Reich des Ptah" konnte der Nachwelt nicht erhalten bleiben. Der schlechte bauliche Zustand, die Brüchigkeit des Felsens, die hohen Kosten und der Mangel an Zeit machten nämlich die Rettung dieses Bauwerks im Rahmen der Rettungsmaßnahmen unter der Schirmherrschaft der UNESCO undurchführbar. So fiel auch dieser Tempel, zusammen mit unzähligen Grabstätten, Felsengräbern, Grabnischen, Kapellen, Ruinen von Festungen, Kirchen und koptischen Klöstern den Fluten des Nasser-Sees zum Opfer. Der Tempel war Ptah, Hathor, Ptah-Tanenen und dem vergöttlichten Ramses II. geweiht, er wurde von Setau gebaut, dem Vizekönig von Kusch; Kusch war in der Antike der Name für Obernubien, im Gegensatz zu Ueuet, dem heutigen Unternubien. Die gesamte Gegend wurde von den Griechen hingegen mit dem Namen Äthiopien bezeichnet. Außerhalb des Felsens befand sich eine Vorhalle mit Säulen, die an der Felsenwand lehnten. Daran schloß sich der etwa 30 Meter tiefe unterirdische Bereich an, der aus einer Säulenhalle bestand, die Roberts gezeichnet hat, und außerdem aus einem Quersaal und dem Allerheiligsten mit den Statuen der Gottheiten. Der Künstler berichtet, daß die verschiedenen, von unzähligen Fledermäusen bewohnten Räume sich schon in einem sehr verfallenen Zustand befanden, denn über Jahrhunderte hinweg hatten Schäfer diesen Tempel als Unterschlupf genutzt und hier Feuer gemacht. Viele der Reliefs und der Hieroglyphen waren schon nicht mehr zu entziffern, aber der große Säulensaal, der von sechs Kolossalstatuen getragen wurde, die Ramses den Großen mit der oberägyptischen Krone darstellten, besaß noch seine mysteriöse Ausstrahlung.

Aus dem Tagebuch von David Roberts:

15. November - In der vergangenen Nacht kamen wir in Gyrshe an, und heute morgen war ich schon bei Sonnenaufgang unterwegs zu dem Felsen, in den der Tempel gehauen ist. Wie es scheint, war der Aufgang früher mal eine lange Treppe, an deren Seiten die Sphingen standen, die jetzt überall verstreut umherliegen. Von den zwölf Säulen des Portikus stehen nur noch zwei aufrecht, die ein aus dem Felsen herausragendes Gebälk stützen. Im Tempel selber befinden sich verschiedene Räume, Kolossalstatuen und Wandverzierungen, aber insgesamt ist er sehr beschädigt, und die Figuren auf den Wänden sind nur mit Mühe zu erkennen.

11 Excavated Temple of Gurshe – Nubia
D. Roberts R.A.

Temple of Kalabshee – Nubia. Nov. 1838

Der Tempel von Kalabscha

Abbildung 32

15. November 1838

Nachdem Roberts, zufrieden mit seiner Arbeit, den Tempel von Gerf Hussein hinter sich gelassen hatte, erreichte er schon am späten Nachmittag des 16. November Kalabscha, wo er für die Nacht die Zelte aufschlagen ließ. Da das Licht noch gut war und die Entwürfe, die er schon auf der Hinfahrt gemacht hatte, recht detailliert waren, blieb dem Künstler noch reichlich Zeit, um zwei Ansichten des großen Heiligtums fertigzustellen.

Der Tempel kann wohl nach Abu Simbel als das großartigste Bauwerk Nubiens angesehen werden. Er wurde in ptolemäischer Zeit auf den Fundamenten eines älteren, in die Zeit Amenophis II. zurückgehenden Gebäudes erbaut und ist der Lokalgottheit Mandulis zusammen mit Isis und Osiris geweiht. Unter dem römischen Kaiser Augustus wurde er wieder aufgebaut, aber kaum ausgeschmückt, dort wo Verzierungen vorhanden sind, scheinen sie unvollendet geblieben zu sein. Das 74 Meter lange Heiligtum war vom Nil aus über eine Prozessionsstraße zu erreichen, die über zwei verschieden hohe Tribünen aufstieg, die sich beide vor dem Pylon befanden. Die Front des Pylonen ist ohne jeden Reliefschmuck, nur die üblichen Rillen, in denen die Stangen für die heiligen Fahnen befestigt wurden, lockern die Oberfläche auf. Die beachtlichen Ausmaße der Tempelanlage waren gerechtfertigt durch die strategische Position von Talmis, dem antiken Kalabscha, das als Wachposten an einer Engstelle des Flusses lag. Nach der Christianisierung wurde der Tempel in eine Kirche umgewandelt und verfiel nach der Eroberung durch die Araber.

Auf der Lithographie scheinen sich die ärmlichen Lehmbehausungen dicht um die große Umfassungsmauer des Tempels herumzudrängen, sogar bis auf das Dach des Allerheiligsten hinauf, so als suchten sie dort nach Schutz: dieses Bild war im vorigen Jahrhundert fast allen archäologischen Stätten gemein. Den Ort gibt es heute, so wie Roberts ihn gemalt hat, nicht mehr, da er in den Fluten des Nasser-Sees versunken ist, nur der Tempel wurde zwischen 1961 und 1963 in Einzelteile zerlegt und 40 Kilometer weiter südlich, in Neu-Kalabscha, auf der Höhe des westlichen Endes des Hochdammes wieder aufgebaut.

Aus dem Tagebuch von David Roberts:

15. November - Nachdem wir Gerf Hussein verlassen hatten, kamen wir gegen Abend wieder in Sichtweite des Tempels von Kalabscha. Da er in einer Flußschleife inmitten einer Fläche von unfruchtbaren Felsen steht und von Palmen und Akazienbäumen umgeben ist, erkennt man die Baufälligkeit erst dann, wenn man schon sehr nahe davor steht. Alles in allem steht der Tempel sowohl im Hinblick auf die Eleganz der Proportionen als auch auf die Feinheit der Details nicht einmal hinter Philae zurück.

Der Pronaos im Tempel von Kalabscha

Abbildung 33

15. November 1838

Hinter dem Pylon öffnet sich ein auf drei Seiten von Kolonnaden umsäumter Hof, deren Säulen Roberts zum größten Teil niedergerissen und unter Trümmern verborgen sah. Die Rückseite des Hofes wird von der Front der Vorhalle gebildet, in deren Mitte eine große Halbtür ist. Der ägyptisch-ptolemäischen und römischen Bauart entsprechend sind die Interkolumnien halbhoch mit Schrankenwänden geschlossen. Auf diesen befinden sich versenkte Reliefs, die unter anderem die Götter Thot und Horus zeigen, wie sie in einem Libationsopfer das Weihwasser über den König gießen. Auf einer der Säulen berichtet eine lange Inschrift in meroïtisch, der gesprochenen Sprache der Nubier während der ptolemäischen und römischen Herrschaft, von dem Sieg des Königs Silko über seine ewigen Feinde, die Blemyer; die Inschrift ist auf einer der Schrankenwände in einer, in schlechtem Griechisch abgefaßten Übersetzung wiedergegeben. Im Inneren der Vorhalle stehen zwölf Säulen mit reichen Pflanzenkapitellen, von denen früher die heute größtenteils eingestürzte Decke getragen wurde. Von den hier zu findenden Reliefs sind zwei besonders bemerkenswert: Auf dem ersten ist ein Ptolemäer dargestellt, der dem Mandulis Opfer darbringt, das zweite zeigt den Gründer des ersten Tempels, Amenophis II, der dem Min und dem Mandulis, dem lokalen Schutzgott, Wein opfert. An die Vorhalle schließen sich drei hintereinander liegende Säle an, um die herum bis zur Außenmauer des inneren Tempelumgangs genug Platz blieb für einen Gang. Die gesamte Anlage war schließlich von einer hohen Umfassungsmauer umgeben, die einen weiteren Gang formte, den äußeren Tempelumgang. Dieser Grundriß vereinfacht zwar die für den ptolemäisch-römischen Tempel typischen Elemente, behält jedoch das Grundschema bei.

David Roberts. R.A.
L. Haghe. Lith.

DIE RUINEN DES TEMPELS VON TAFFA

Abbildung 34

16. November 1838

Von Abu Simbel aus flußabwärts hatte Roberts gerne und häufig angeordnet, an Land zu gehen, nicht nur um die monumentalen Ruinen in den verschiedenen Orten zu malen, sondern auch um alte Münzen, Schwerter, Amulette und kleine Antiquitäten zu kaufen, oder um die anmutigsten Mädchen zu bitten, ihm Modell zu stehen. Von seinen Leuten wurden diese Aufenthalte gerne wahrgenommen, die daher zwischen Frauen und gutem Essen immer träger wurden. In den vorangegangenen Tagen mußte er sie sozusagen mit Zuckerbrot und Peitsche anspornen, damit das Boot schneller vorwärtskam, aber immer, wenn er selbst sich von der Begeisterung für seine Skizzen mitreißen ließ, nahm die Kontrolle wieder ab, und die Mannschaft ging mit noch weniger Arbeitseifer an Bord. So war es auch in Kalabscha, und Roberts hatte einige Mühe damit, sich wieder auf den Weg nach Taffa zu machen, wo er am Morgen des 16. November ankam. In diesem, nicht weit von Wadi Kertassi entfernten Ort standen zwei kleine Tempel, die große Ähnlichkeiten mit anderen Heiligtümern aufwiesen, die Roberts in dieser Region gesehen hatte. Es ist ein wahrer Glücksfall, daß er ausgerechnet diesen Tempel, den verfalleneren der beiden, gemalt hat: während nämlich der nördlicher gelegene, beinahe vollständig erhaltene kleine Tempel an Holland als Geschenk ging und seit 1978 im Nationalmuseum von Leiden bewundert werden kann, wurde der südlichere Tempel 1870 vollständig zerlegt und als Steinbruch wiederverwertet.

Dieses Heiligtum, das zusammen mit seinem Nachbarn das Kultzentrum der römischen Siedlung Taphis bildete, war in der späten ptolemäischen Epoche gebaut worden und während der römischen Besetzung Unternubiens umfassend erneuert worden. Roberts beschrieb den Tempel als ein eher bescheidenes und unharmonisch proportioniertes Bauwerk, umgeben von architektonischen Bruchstücken, die über die ganze Ebene verstreut waren.

Der Tempel in Kertassi

Abbildung 35

16. November 1838

Da dieser Tag nicht so besonders heiß war, ging Roberts von Taffa zu Fuß weiter nach Kertassi. Auf seinem Weg kam er durch verschiedene Dörfer, deren Einwohner sich neugierig um ihn herum versammelten. Am frühen Nachmittag kam er endlich in Sichtweite des Felsenplateaus, auf dem sich ein kleiner, der Göttin Isis geweihter Kiosk befand, der dem von Philae sehr ähnlich war. Das Bauwerk, das sich hoch über dem Nil befand, stellte damals einen der beeindruckendsten Anblicke in ganz Unternubien dar. Leider ist als Folge des Baus des Sadd el-Ali – des Assuan-Hochdamms – auch dieser Ort verschwunden, verschlungen von den riesigen Wassermassen des Stausees, der mit einer Oberfläche von 5250 km^2 und einer Länge von 510 km der zweitgrößte der Welt ist. Der Nasser-See hat Ägypten unbestreitbar beachtliche wirtschaftliche Vorteile gebracht, gleichzeitig hat er aber auch das ökologische System der Region aus dem Gleichgewicht gebracht und dem archäologischen und landschaftlichen Erbe Nubiens einen unschätzbaren Verlust zugefügt.

Temple of Wady Kardassy
Nubia

Ruins of The Temple of Kardeseh; Nubia.

Der Tempel von Kertassi mit dem Nil im Hintergrund

Abbildung 36

16. November 1838

Der kleine Tempel oder besser gesagt, der Kiosk von Kertassi hat einen quadratischen Grundriß von nur acht Meter Seitenlänge und entstand in der spätptolemäischen Zeit. Fertiggestellt wurde er unter römischer Herrschaft. Ursprünglich bestand er aus zehn Säulen, die durch niedrige Schrankenwände verbunden waren, aber nur noch sechs Säulen stehen aufrecht: Die zwei, die das Portal umgeben, tragen fein geschnittene Kapitelle mit dem Gesicht der Hathor, während die anderen Säulen Pflanzenkapitelle haben. Beachtenswert ist, daß die zwei Hathorkapitelle ihrerseits zwei stilisierte Altare mit einer Natter tragen. Wie aus der Lithographie ersichtlich ist, war dieses Bauwerk – im Gegensatz zu dem unvollendet gebliebenen auf Philae – von mächtigen monolithischen Architraven bedeckt, von denen bis auf einen alle zerstört sind. Die Schrankenwände sind ohne Verzierungen, mit Ausnahme der langen Reihe von Uräusschlangen im oberen Bereich und der geflügelten Sonnenscheiben, die sich im untersten Bereich befinden. Einige ausgemeißelte Kreuze im Inneren des Gebäudes weisen darauf hin, daß der Tempel bis zur Islamisierung des Landes als Kirche genutzt worden war. Nicht weit vom Tempel entfernt hatten die römischen Legionäre eine Festung zur Überwachung des Verkehrs auf dem Nil und der nahen Steinbrüche gebaut. Im Zuge der Rettungsmaßnahmen der nubischen Baudenkmäler wurde der Kiosk zerlegt und in der Nähe von Kalabscha, etwa 40 km von seinem ursprünglichen Standort entfernt, wieder aufgebaut. Leider wirkt das Bauwerk an seinem neuen Platz weitaus weniger spektakulär als an dem alten.

Aus dem Tagebuch von David Roberts:
16. November - Es ist schwierig, aufgrund des baulichen Zustandes das Alter des Monuments zu vermuten, denn die Verwüstungen sehen aus, als seien sie erst gestern entstanden. Der Tempel zeichnet sich im Sonnenlicht scharf gegen den tiefblauen Himmel ab, und es macht fast den Eindruck, als hätte man seiner Zerstörung eben erst Einhalt geboten. Durch die trockene Luft beginnen die Steine bei der leisesten Berührung wie Glocken zu klingen.

Eine Gruppe Nubier in der Nähe des Tempels von Kertassi

Abbildung 37

16. November 1838

In Kertassi kaufte Roberts von einer Frau einige Kupfermünzen, ein Mann bot ihm ein langes Schwert an – ähnlich wie das der schottischen Highlander, wie er behauptete – und noch ein kleineres, das er am Gürtel trug. Wie jeder gute Tourist, der etwas auf sich hält, verfiel auch Roberts der Manie, Geschäfte machen zu wollen, und kaufte am Ende von dem gleichen Mann auch noch ein Armband, das er an dessen linken Arm gesehen hatte, ein kleines Schild aus Nilpferdleder und eine Feldflasche mit einem Schutzbezug aus Leder, der mit Muschelschalen verziert war: alles zusammen für 30 Schilling, was für die damalige Zeit ein mehr als guter Preis war.

Es steht außer Zweifel, daß Roberts vor allem in der ersten Zeit die Nubier nicht sonderlich schätzte, die in seinen westlich geprägten Augen kaum mehr als Wilde zu sein schienen. Nur der lange Umgang mit den zwei Nubiern, die zu seiner Mannschaft gehörten – beide mit Namen Hassan – und die langsame Erkenntnis, wie sehr diese Menschen unter den Schindereien durch die Sklavenhändler und unter der Zwangsaushebung durch den Pascha Mehmed Ali zu leiden hatten, brachten ihn dazu, seine vorgefaßte Meinung deutlich abzuschwächen. Mit der Zeit begann er, vor allem die körperliche Leistungsfähigkeit und die geradlinige Herzlichkeit der Nubier aufrichtig zu schätzen, ihre „wohlproportionierte Gestalt, ihren offenherzigen und intelligenten Gesichtsausdruck“. Nur die Angewohnheit der Frauen, sich mit Butter und Rizinusöl einzuschmieren, um die Haut weich zu halten und Parasiten fernzuhalten, verwunderten ihn, vor allem aufgrund des ekelerregenden Geruchs, den diese ansonsten wunderschönen, wenn nicht sogar begehrenswerten Mädchen ständig von sich gaben. Um vieles weniger voreingenommen als noch wenige Tage vorher, wollte Roberts in Kertassi eine Gruppe Einheimischer verewigen, von denen viele eine einzigartige Haartracht von uralter Herkunft zur Schau trugen. Von den Waffen, die sie bei sich trugen, gehörten nur die Lanzen zu ihrer gewöhnlichen Ausrüstung, die langen Schwerter und die Schilder hingegen dienten lediglich zum Verkauf.

David Roberts, R.A. — L. Haghe, lith.

David Roberts R.A.
L. Haghe lith.

Der Nil, in der Nähe von Dabod

Abbildung 38

16. November 1838

Bei Sonnenuntergang kam Roberts in Sichtweite der Anhöhen von Dabod, nachdem er Kertassi am Nachmittag verlassen hatte. Während das Boot langsam über den ruhigen Fluß dahinglitt, fiel seine Aufmerksamkeit auf einige Krokodile, die regungslos an den sandigen Ufern lagen, als wollten sie gierig die letzten Sonnenstrahlen in sich aufnehmen. Diese außergewöhnlichen, bis zu sechs Meter langen Reptilien, die mit einem Gebiß aus todbringenden Zähnen ausgestattet sind, waren über Jahrhunderte hinweg die wahren Herrscher des Nils, von der einheimischen Bevölkerung so sehr gefürchtet und geachtet, daß sie als irdische Erscheinung einer Gottheit, des Sobek von Kom Ombo, verehrt wurden. Der Kult dieses Gottes weist einige Besonderheiten auf: In verschiedenen Regionen nämlich wurde im Altertum das Krokodil als das höchste Wesen verehrt, aber in späterer Zeit wurde es erst als Verbündeter und dann als die Personifizierung schlechthin von Seth, dem Gott des Bösen und Feind des Osiris, gesehen, so daß seine Figur immer mehr an Bedeutung verlor. Dennoch reichte die gefährliche Wesensart des großen Raubtieres aus, um ihm den angsterfüllten Respekt all derer einzuholen, die tagtäglich den Fluß überqueren mußten: Seine heimtückischen Bewegungen, die unglaubliche Kraft und seine Schnelligkeit machten es zu einem schrecklichen Feind. Zwischen dem Dschebel Silsia und Kom Ombo war die Zahl der Krokodile besonders hoch: Sie lebten in großen Familienverbänden auf kleinen Inseln und Sandbänken mitten im Fluß und forderten jedes Jahr aufs neue einen hohen Tribut an Menschenleben. Daher läßt sich leicht nachvollziehen, weshalb Sobek in dieser Region auch später noch besonders verehrt wurde, und warum sein Abbild von den Fährleuten häufig als Totem der Versöhnung beschworen wurde. Noch im letzten Jahrhundert waren die Krokodile Gegenstand schauerlicher Geschichten, und die Einheimischen hatten große Angst vor ihnen. Ihre Vorrangstellung am Fluß nahm nach dem Bau des ersten Assuan-Staudammes ab, und heute sind sie aus dem ägyptischen Teil des Flußlaufes fast völlig verschwunden. Sicherlich ist diese Lithographie sehr effektvoll, aber es ist doch eher unwahrscheinlich, daß Roberts sich so nah an diese tödlichen Bestien gewagt haben sollte; dieses zweifelhafte Privileg hat er bestimmt gerne den auf der Abbildung zu sehenden Reihern überlassen, die sich ihre Verpflegung und ihre Unversehrtheit dadurch verdienen, daß sie diese urtümlichen Nachfahren der Dinosaurier von Parasiten befreien.

Gesamtansicht von der Tempelinsel Philae

Abbildung 39

17. - 18. November 1838

Am 17. November, bei Einbruch der Nacht, erreichte Roberts wieder die Insel Philae, wo er die folgenden zwei Tage verbrachte und die Tempel zeichnete, die ihn nun viel weniger begeisterten als noch drei Wochen zuvor. Hassan Amoris – er erhielt diesen Zweitnamen, um ihn von seinem Namensvetter unterscheiden zu können – war von diesem Aufenthalt besonders erfreut, wohnte doch seine schöne Frau, die ihm diesen Spitznamen eingebracht hatte, gerade hier, im Gebiet des Ersten Kataraktes.
Dieses wunderbare Bild gibt die gesamte Tempelanlage von der nahegelegenen Insel Bigga aus gesehen wieder. Der Tempel, der der Isis und ihrem Sohn Harpokrates, einer lokalen Form des Horus, geweiht war, steht an der Stelle, wo schon vorher ein älteres, wahrscheinlich von Nektanebos errichtetes Heiligtum gestanden hatte; die ältesten datierten Überreste auf der Insel gehen nämlich bis in die Zeit Nektanebos' I. zurück.
Die Anlage besteht aus einer Aufeinanderfolge von heterogenen, aus verschiedenen Zeiten stammenden Elementen, wobei aber der größte Teil des Bauwerks aus der ptolemäisch-römischen Zeit stammt. Ganz rechts auf der Abbildung sieht man die Halle Nektanebos' und den nicht weit entfernten Obelisken, beides geht in das vierte vorchristliche Jahrhundert zurück; gegenüber erstrecken sich die beiden Flügel der Säulengänge, die unter Augustus errichtet worden waren. Seitlich vom Ersten Pylon steht das Tor von Ptolemaios II., offensichtlich das Überbleibsel eines älteren Gebäudes; im Hintergrund sieht man den großen Trajan-Kiosk. Zwischen den zwei Pylonen erstreckt sich ein Vorhof, dessen zum Fluß hin liegende Seite von einem Geburtshaus (Mammisi) geschlossen wird, von dem hier nur die rückwärtige Front zu sehen ist. Auf dem davorliegenden Kai am Nilufer befindet sich das große Hadrianstor. Hinter dem Zweiten Pylon schließlich folgt der eigentliche Isistempel, der aus einer Vorhalle und dem Allerheiligsten besteht, das von einigen Nebenkammern umgeben ist.

Ruins Temple on the Island of Biggeh - Nubia

Die Ruinen eines kleinen Tempels auf der Insel Bigga

Abbildung 40

18. November 1838

Im Altertum war es niemandem, mit Ausnahme der Priester der nahegelegenen Insel Philae, gestattet, den Boden der Insel Bigga zu betreten, die der Hathor und der Feuergöttin Ups geweiht war; auf Bigga nämlich lag das berühmte Abaton, die heilige Stätte mit dem Osirisgrab. Die Grabstätte, deren Namen ungefähr so viel wie „Der unbetretbare Hügel" bedeutet, befand sich mitten in einem kleinen Wald; rings um sie herum waren 365 kleine Opfertische angeordnet, jeden Tag wurde auf einen anderen als Trankopfer an Osiris etwas Milch gegossen, so daß sich dessen Lebensgeist, in Gestalt eines Vogels, täglich ernähren konnte. Alle zehn Tage wurde das Kultbild der Isis vom nahegelegenen Tempel auf Philae auf einer heiligen Barke nach Bigga gebracht, damit die Göttin ihren Gemahl besuchen konnte. Einmal im Jahr zum Anlaß eines hohen Feiertages wurde Isis auf ihrer Fahrt von ihrem Sohn Harendotes, dem „Horus, der seinen Vater beschützt" begleitet. Auf Bigga, wo völlige Stille eingehalten wurde, um den Schlaf des Gottes nicht zu stören, war schon während der 18. Dynastie ein Heiligtum errichtet worden, welches dann um 245 v. Chr. von Ptolemaios III. Euergetes erneuert wurde. Das Bauwerk wurde von Ptolemaios XIII. weiter vergrößert. Er ließ außerdem ein großes Eingangstor bauen, das später mit einem Bogen versehen wurde. Das Tor führte über eine Treppe vom Nilufer zum Tempel. Der Vergleich zwischen dem von Roberts gemalten Bild und der am gleichen Ort aufgenommenen Fotografie zeigt das Ausmaß des Nilanstiegs nach dem Bau des Hochdammes.

Philæ, Nov.r 18, 1838.
David Roberts R.A.

Die Tempel von Philae, von Süden aus gesehen

Abbildung 41

18. November 1838

Von welchem Blickwinkel er auch die Tempel betrachtete, immer war Roberts im wahrsten Sinne des Wortes gefesselt von dem wunderbaren Bild, das die Tempel von Philae boten. Wieviel mehr erst mußte der Anblick dieser Heiligtümer die Pilger mit ehrfürchtiger Bewunderung erfüllen, die aufgrund der esoterischen Ausstrahlung der Göttin Isis hierher gereist kamen. Diese Gottheit – Tochter des Sonnengottes Ra, außerdem Schwester und Gemahlin des Osiris – genoß eine privilegierte Position im altägyptischen Pantheon, da sie über Kenntnisse von mächtigen Zauberkräften verfügte. Für Osiris, ihren göttlichen Gemahl, waren ihre Zauberkünste von wundersamer Heilkraft, nachdem er von seinem verräterischen Bruder Seth, dem Gott des Chaos, getötet worden war. Isis wurde als Beschützerin der Toten angesehen, und gleichzeitig stand sie in der Region der Nilkatarakte als Sinnbild für die schöpferische Göttin-Mutter. Als sich im 7. vorchristlichen Jahrhundert eine nubische Dynastie in Theben festigte, weitete sich der Isis-Kult aus, sogar bis über die Grenzen Ägyptens hinaus. In der ptolemäischen und der römischen Zeit blühte der Kult der Göttin auf und das Heiligtum von Philae erreichte den Höhepunkt seines Ruhmes: Krüppel und Kranke kamen aus allen Teilen des Landes und aus den verschiedenen Provinzen des Reiches im Vertrauen auf die wohlwollende Göttin angereist. Je mehr der Isis-Kult gefeiert wurde, um so heftiger wurde seine Unterdrückung durch die Christen: Die Anhänger des neuen Glaubens wandten sich dann auch mit blindem Eifer gegen die Reliefs, die den zu einer Kirche umgewandelten Tempel verzierten. Und doch beweisen die an zahlreichen Stellen des Heiligtums in Stein gehauenen Bitten und Gebete, daß die Insel für eine gewisse Zeit die letzte Festung der Tausende von Jahren alten religiösen Tradition in Ägypten war.

Der grosse Tempelvorplatz vor dem Isisheiligtum auf Philae

Abbildung 42

19. November 1838

Die Gläubiger, die auf Pilgerfahrt zur Insel kamen, legten – genau wie die Besucher der heutigen Zeit – im äußersten Süden der Insel an, dort wo nicht die Isis, sondern eine andere Göttin, die wohlwollende Hathor mit den Kuhohren sie in der sogenannten Halle Nektanebos' empfing. Das Bildnis der mysteriösen Göttin der Schönheit und der Freude erscheint über den Kapitellen der sechs Säulen, die als einzige von insgesamt vierzehn Säulen übriggeblieben sind. Sie sind Bestandteil der von Ptolemaios II. Philadelphos durchgeführten Erneuerung des Bauwerks, sein Bild erscheint in den Reliefs auf den Säulenschranken und stellt ihn bei der Darbietung der Opfergaben an die Götter dar. Im Anschluß an den Pavillon erstreckt sich der große Tempelvorplatz, ein umwerfender Anblick. Der Säulengang, der den Platz von Westen her begrenzt, läuft parallel zur Uferlinie und erstreckt sich auf etwa 100 Meter Länge. Er besteht aus einer Reihe von 32 (heute 31) Pflanzensäulen mit den verschiedensten Blütenkapitellen. Die Decke der Halle, die das Himmelsgewölbe darstellt, ist mit Bildern von Sternen und fliegenden Geiern geschmückt. Die Reliefs auf den unteren Wänden zeigen Oktavianus und Nero, deren stilisiertes Aussehen den göttlichen Ursprung der neuen Herrscher Ägyptens unterstreichen sollte. Auf den Säulen ist Kaiser Tiberius während der Opfergabe an die Lokalgottheiten dargestellt.

Auf der gegenüberliegenden Seite des Platzes erstreckt sich der östliche Säulengang, der nie ganz vollendet wurde: Von den 17 ursprünglich vorgesehenen Säulen sind einige nur roh behauen und elf von ihnen haben unvollständige Kapitelle. Etwa nach einem Drittel des Platzes in der Nähe der Längsseite führt eine unterirdische Treppe zum Nilmesser, einem Brunnen, an dessen Wänden der Wasserstand des Flusses abgelesen werden konnte. Solch ein Nilometer war beinahe in jedem Tempel zu finden. Kenntnisse über die Entwicklung der Wasserhöhen waren von großer wirtschaftlicher und sozialer Bedeutung, denn sie ermöglichten es, die Ernteerträge vorauszusehen, und somit auch die Höhe der Steuern abzuschätzen. Einzig die Priester verfügten über das Privileg, den Wasserstand des Nilmessers abzulesen und mitzuteilen.

Dieser komplexe Vorplatz, der auch perspektivisch von Roberts wunderbar wiedergegeben wurde, findet seinen Abschluß im großen Ersten Pylon des Isistempels. Dieser ist 18 Meter hoch und etwas mehr als 45 Meter breit. Ptolemaios II. hatte den Bau begonnen, der dann von seinem Nachfolger Ptolemaios III. vollendet wurde, die Verzierungen wurden allerdings erst in späteren Epochen ausgeführt. Auf den zwei Türmen ist der Pharao Ptolemaios XII. Neos Dionysos dargestellt, der der Isis seine Gefangenen als Opfer darbietet. Auf dem sich darüber befindenden Relief steht derselbe König der Göttin gegenüber, die von ihrem Sohn Horus und der Schwester Nephthys begleitet wird. Oberhalb des Tores erhebt sich die geflügelte Sonne.

David Roberts R.A. L. Haghe Lith

Das Innere des Isistempels auf Philae

Abbildung 43

19. November 1838

Schon bei seinem vorangegangenem Besuch waren Roberts die ausgezeichneten Proportionen und die wundervollen Basreliefs aufgefallen, die die inneren Räume des Tempels kennzeichneten. Die Wandmalereien waren außerdem außerordentlich gut erhalten. In sein Tagebuch hatte er diesbezüglich schon am 30. Oktober geschrieben: „Ich bin überwältigt von der einzigartigen Komposition der Farben: man könnte meinen, sie seien eben erst aufgetragen worden, und selbst dort, wo sie dem unerbittlichen Sonnenlicht ausgesetzt waren, haben sie ihr leuchtendes Aussehen erhalten".

Für uns war es wirklich ein Glück, daß der Künstler sich vorgenommen hatte, den 19. November damit zu verbringen, das Innere des Tempels zu malen, denn aufgrund der langen Zeit, die der Tempel größtenteils im Wasser des Stausees gestanden hat, sind diese prächtigen Farben beinahe vollständig ausgelöscht worden. Das nebenstehende Bild zeigt die Vorhalle des eigentlichen Isistempels, der sich direkt an den Zweiten Pylon anschließt, welcher kleiner ist als der erste. Vor dieser Halle, deren Decke von acht Säulen getragen wird, befindet sich noch ein offener Hof, auf dessen kurzen Seiten kleine Hallen mit je einer Säule stehen, die eine Verlängerung der Vorhalle darstellen. Auf die Vorhalle folgen einige Nebenräume und das Allerheiligste, das von mehreren Nebenkammern umgeben ist. Die Aufeinanderfolge dieser Räume ist in der Lithographie sichtbar. Die Wände und Säulen sind überaus reich an Inschriften und Reliefs, die die Könige der ptolemäischen Dynastie oder die römischen Herrscher Augustus, Tiberius und Antoninus beim Opfer oder bei anderen kultischen Handlungen zeigen. Der Hof konnte mit einem Zeltdach versehen werden, das mit Hilfe von Seilen hochgezogen werden konnte, die Löcher für die Seile sind auch heute noch am Hohlkehlengesims, an der Seite zum Pylonen hin, zu erkennen.

Aus dem Tagebuch von David Roberts:
19. November - Heute habe ich einige Zeichnungen vom Inneren des Tempels angefertigt und habe viele der Figuren, die die Wände verzieren, abgemalt. Sie sind alle in einem ausgezeichneten Zustand und von brillanten Farben.

Grand Portico of The Temple of Philæ _ Nubia.

Der Hypostyl im Isistempel auf Philae

Abbildung 44

19. November 1838

Diese Lithographie zeigt noch einmal das gleiche Motiv wie schon die vorhergehende, nur dieses Mal aus einem anderen Blickwinkel. Die Vorhalle war ursprünglich durch die üblichen Schranken, die in der Mitte ein Tor umschlossen, von dem kleinen Innenhof getrennt. Diese Interkolumnien waren typisch für die sakrale Architektur der ptolemäischen Zeit.
Dieses Bild ist eines der eindrucksvollsten aus Roberts' ganzem Werk, zum einen aufgrund des effektvollen Bildausschnittes und zum anderen aufgrund der hingebungsvollen Sorgfalt bei der Wiedergabe der Details. Immer wieder Pharaonen und Gottheiten bei ihren Kulthandlungen, während die immensen Säulen im farbenprächtigen Spiel aus Farben und Formen wie Blüten in den Kapitellen aufzubrechen scheinen, die scheinbar mühelos das mächtige Gebälk tragen, an dem die heiligen Barken entlangfahren. Auf den als Sternenhimmel gemalten Decken treten deutlich die langen Reihen großer Geier mit ausgebreiteten Flügeln hervor.
Auf dem Bild sind auch einige in den Schaft der Säulen eingemeißelte koptische Kreuze und die Reste eines Altars gut zu erkennen, die die Umwandlung des Tempels in eine christliche Kirche bezeugen: Eine Inschrift berichtet, daß dieses „gute Werk" unter Bischof Theodorus, zur Zeit des Kaisers Justinian und der Königin Theodora im 6. Jh. geschah. Eine andere Inschrift erinnert an die von Papst Gregor XVI. im Jahre 1841 hierher gesandte „archäologische Expedition". Leider sind dem prachtvollen Heiligtum dabei beträchtliche Schäden zugefügt worden. Und trotzdem ist die von diesem Tempel ausgehende Faszination noch genauso groß wie zur ruhmreichsten Zeit der Isis.

Die Insel Philae, bei Sonnenuntergang

Abbildung 45

19. November 1838

Diese Bilder von Roberts zeigen, wie die Insel Philae über Jahrhunderte hinweg ausgesehen haben muß, denn bis zum Bau des ersten Assuan-Staudammes hatte sich die Insel kaum verändert. Wirtschaftlich gesehen hat der Damm unbestreitbar große Vorteile für Ägypten gebracht, andererseits bedeutete er für die Baudenkmäler den Beginn eines langen Leidensweges.
Schon nach dem Bau des ersten Dammes war der Tempel halb überflutet, nach 1934 aber, nachdem der Damm um einige Meter in der Höhe erweitert worden war, mußte der Tempel noch härtere Prüfungen durchstehen, denn nun war er fast vollständig überflutet. Nur für drei Monate im Jahr, wenn die Spundwand des Dammes von August bis Dezember angehoben wurde, kam der Tempel an die Oberfläche. Dann kamen die von Schlamm verdeckten Strukturen wieder zum Vorschein. Der Boden von dem, was einst „die Garteninsel" gewesen war, gab dann noch einmal sein Bestes, um üppige Blüten für die seltenen Besucher der im Untergang begriffenen archäologischen Stätte hervorzubringen.
Als 1960 die gigantischen Bauarbeiten für den Hochdamm begannen, schien das Schicksal der Insel endgültig besiegelt zu sein. Die Baudenkmäler, die bis dahin dank einer vorsorglichen Stärkung der Fundamente standgehalten hatten, hätten das täglich schwankende Wasserstandsniveau nicht überstehen können.
Glücklicherweise wurde im Rahmen der von den Vereinten Nationen initiierten Rettungsmaßnahmen für die nubischen Baudenkmäler der drastische Beschluß gefaßt, auch den Tempelbezirk der Göttin Isis zu versetzen. Die Wahl des neuen Standortes fiel auf die nahegelegene Insel Agilkia, die höher lag als Philae. Aber um die Bauwerke in der ursprünglichen Weise anzuordnen, waren beträchtliche Erweiterungsmaßnahmen notwendig. 1969 wurde ein internationaler Wettbewerb für die Ab- und Wiederaufbauarbeiten der gesamten architektonischen Strukturen ausgeschrieben, den eine italienische Firma an sich ziehen konnte. Im Jahre 1972 wurden die Arbeiten aufgenommen, Rammboote begannen, auf dem Grund des Stausees 3000 Stahlpfähle zu setzen, die die Insel in zwei konzentrischen Kreisen umschlossen und die Basis für eine ringförmige Spundwand darstellten. Dann wurde das Wasser aus dem eingeschlossenen Bereich mit Hilfe von Pumpen abgesaugt und der Schlamm wurde dank des Einsatzes von Hunderten von Arbeitern abgetragen. Gleichzeitig wurde auf Agilkia das Terrain auf 30 Meter eingeebnet und die Küstenlinie erweitert. Am 9. September 1975 wurden die ersten der insgesamt 37 363 Tempelblöcke abgetrennt, und am 29. Mai 1977 begann der Wiederaufbau auf der nahegelegenen Insel: Drei Jahre später, am 10. März, wurde Neu-Philae eingeweiht. Das einzige Zeugnis der jahrzehntelangen Überflutung ist heute nur noch die graue Verfärbung der Mauern und Säulen im unteren Bereich.

David Roberts R.A. — L. Haghe, Lith

Aus dem Tagebuch von David Roberts:
21. November - Ich habe von diesen wunderschönen Ruinen zwei Bilder gemalt und bei Sonnenuntergang noch ein Ölbild von der Gesamtansicht des Ortes.

Der Tempel von Kom Ombo

Abbildung 46

20. - 21. November 1838

Bei Tagesanbruch des 20. November begann die Mannschaft die umfassenden Manöver für die schwierige Überwindung des Ersten Kataraktes, der schon auf der Fahrt flußaufwärts nicht wenig Probleme bereitet hatte. Gegen Abend hatte das Boot die Stromschnellen endlich unbeschadet überwunden, aber der Kapitän war doch recht mitgenommen, was auch völlig verständlich war. Um den Katarakt zu überwinden, bevor der Nil gestaut war, war es nämlich notwendig, das Boot mit Seilen zu umwinden und sich dann auf die Zugkräfte von Mensch und Tier zu verlassen. Ein enormer Energieaufwand war dafür nötig, und Unfälle geschahen alles andere als selten. Zwischen 1898 und 1912 wurde der erste Damm gebaut. Über einen gleichzeitig angelegten Kanal wurde auch für große Lastkähne die Passage ermöglicht. Nachdem sie die Nacht in Assuan verbracht hatten, erreichten Roberts und seine Leute am darauffolgenden Tag die Ruinen von Kom Ombo, wo sie ihre Zelte aufschlugen.

Die am rechten Nilufer gelegene Stadt Kom Ombo, heute ein blühendes Landwirtschaftszentrum, war vor dem vierten vorchristlichen Jahrhundert eine mächtige Festung, von der aus der Fluß beherrscht werden konnte. Und obwohl keine Überreste aus der Zeit vor der 18. Dynastie erhalten sind, weiß man doch, daß schon in der Zeit des Mittleren Reiches (2100 - 1750 v. Chr.) dort ein bedeutender Tempel gestanden haben muß, der später unter Ramses II. erweitert worden war. Zu beachtlicher politischer und religiöser Bedeutung gelangte der Ort aber erst unter ptolemäischer Herrschaft, als Kom Ombo zur Hauptstadt eines Gaus wurde. Der Bau eines zweiten Tempels wurde begonnen, dessen Überreste noch heute zu sehen sind. Die Bauarbeiten begannen unter Ptolemaios V., um 204 v. Chr. und dauerten etwa 90 Jahre an. Die Verzierungen der Mauern wurden allerdings erst 150 Jahre nach der Grundsteinlegung in der Zeit von Ptolemaios XIII. Neos Dionysos fertiggestellt. Der Bau des Tempelhofes wurde von dem römischen Kaiser Tiberius abgeschlossen, andere Ergänzungen und Verzierungen wiederum sind gegen Ende des ersten nachchristlichen Jahrhunderts von Domitian hinzugefügt worden. Man entdeckte jedoch auch Inschriften, in denen die Namen Geta, Caracalla und Macrinus auftauchen: Die Basreliefs, in denen der Letztgenannte vorkommt, gehören zu den letzten Abbildungen, die uns das heidnische Ägypten überliefert hat.

Im Arabischen bedeutet „kom" Hügel und in der Tat steht der Tempel – und das ist in dieser Region eher die Ausnahme – in einer erhöhten Lage über dem Fluß, von der aus eine große Flußschleife überwacht werden konnte. Diese außergewöhnliche Position des Ortes war gleichzeitig aber auch der Grund für die Zerstörung eines großen Teils des Tempelbezirks durch die stetig wirkenden Erosionskräfte des Flusses. Die Überreste des Tempels werden heute von einem großen Damm geschützt.

DIE RUINEN VON KOM OMBO

Abbildung 47

21. November 1838

Zu der Zeit, als Roberts die Ruinen von Kom Ombo besuchte, lag der größte Teil des Tempelbezirks noch unter Sand vergraben: erst im Jahre 1893 nämlich begannen die systematischen Freilegungsarbeiten, durch die die Einzigartigkeit des Bauwerks zu Tage treten sollte. Diese besteht darin, daß es sich bei diesem Baudenkmal um den einzigen Doppeltempel in ganz Ägypten handelt.

Zwar sind fast alle ägyptischen Heiligtümer mehr als einem Gott geweiht – wie beispielsweise in Karnak, wo die sogenannte thebanische Triade verehrt wird – aber im Allerheiligsten wurde grundsätzlich nur das Bildnis der Hauptgottheit aufbewahrt, während die der Mitgottheiten in Nebenkapellen untergebracht waren. Einzig der Tempel in Kom Ombo erwies sich als ein zweiteiliges Bauwerk, das durch eine gedachte Längsachse geteilt ist: die rechte Hälfte gehört dem Sobek, in der Triade mit der Hathor und dem Chons-Hor vereint, die linke Hälfte dem Haroeris mit der Tsentnofret und dem Penebtaui. Die Struktur des gesamten Gebäudes bestand also aus zwei nebeneinander liegenden gleichen Teilen, die für die Kulthandlungen unabhängig voneinander nutzbar waren. Daher hatte auch der Pylon zwei Tore und ebenso die Vorhalle, die Säulenhalle und die dem Allerheiligsten vorgelagerten Räume. Das Gebäude machte aber dennoch nicht den Anschein, aus zwei getrennten, angrenzenden Tempeln zu bestehen, denn außer beim Allerheiligsten gab es keine wahrnehmbaren Begrenzungen. Auch erweckte das Bauwerk nicht den Anschein einer Partnerschaft und noch weniger eines Konkurrenzverhältnisses zwischen den beiden Gottheiten.

Diese Anordnung des Tempels war nämlich das Resultat der von den ptolemäischen Königen verfolgten Politik: Um ihren Herrschaftsanspruch über Ober- und Unterägyten zu betonen, ließen sie sich zuerst in Alexandria krönen, und in Kom Ombo wurde dann die Zeremonie wiederholt. Um diesen doppelten Hoheitsanspruch zu unterstreichen und gleichzeitig zu legitimieren, wurde der Tempel dem Haroeris, als dem traditionellen Schutzherrn der Pharaonen der Einigung, und dem krokodilköpfigen Sobek, der schon seit Urzeiten von den Bewohnern Nubiens verehrt und gefürchtet wurde, geweiht. Auch noch zu der Zeit, als Roberts Ägypten besuchte, und bis zum Bau des ersten Staudammes waren Krokodile an den Ufern des Flusses weit verbreitet und die Angst vor diesen beeindruckenden Reptilien groß.

Kom Ombo
Nov. 21st 1838.

Der Nil in der Umgebung des Dschebel Silsila

Abbildung 48

22. November 1838

Am Abend des 21. November ließen Roberts und seine Leute die grandiosen Ruinen von Kom Ombo hinter sich und verbrachten die ganze Nacht an Bord, unterwegs nach Norden. Bei Anbruch des neuen Tages befanden sie sich in der Nähe des Dschebel Silsila, dem „Berg der Kette", einem rauhen Bergrücken. An dieser Stelle bildet der Nil eine Flußenge, an der das Wasser immer turbulenter fließt, bis sich sogar Untiefen und Strudel bilden, wodurch dieser Ort im Altertum den Beinamen Khenu, „der Ort an dem man rudern muß" bekam. Nicht weit entfernt von der engsten Stelle sieht man am östlichen Ufer noch die großen Sandsteinbrüche, die vor allem zur Zeit des Neuen Reiches für den Bau des Ramesseums genutzt wurden. Um die Steinbrüche herum stehen noch die Ruinen der alten Stadt Chenit und des Dorfes, in dem die Steinbrucharbeiter mit ihren Familien wohnten. Auch einige in den Felsen gehauene Denkinschriften mit den Namen von Amenophis III. und Sethos I. sind zu finden.

Die bedeutenderen Baudenkmäler befinden sich aber auf dem westlichen Ufer des Nils, wo Grabnischen und Denkinschriften weit häufiger zu entdecken sind. Die interessanteste Sehenswürdigkeit hier ist die große, reich verzierte Felsenkapelle des Haremhab. Obwohl Roberts' Neugier durch die außergewöhnliche Form der Felsen, die wahrscheinlich auf die Steinbrucharbeiten im Altertum zurückzuführen war, geweckt worden war, beschloß er, hier keinen Halt zu machen, auch um die Mannschaft, die inzwischen den günstigsten Rhythmus beim Rudern gefunden hatte, nicht über Gebühr zu ermüden. So begnügte er sich damit, in der Zwischenzeit das Bild fertigzumachen, das er auf der Hinfahrt begonnen hatte und verbrachte den Rest des Tages damit, die bereits fertigen Bilder mit Fixierer zu versehen.

Im Vordergrund der Lithographie erscheint ein Schaduf, einer der zahlreichen Hebebrunnen mit denen die ägyptischen Bauern Wasser aus dem Nil schöpften, um ihre Felder zu bewässern; er besteht aus einem langen Schwengel, an dem ein Eimer und ein Gegengewicht befestigt sind. Diese althergebrachte Schöpfvorrichtung ist auch heute noch weit verbreitet.

DER TEMPEL VON EDFU, OBERÄGYPTEN

Abbildung 49

22. November 1838

Am Abend des 22. November erreichte Roberts die Stadt Edfu; der dortige Horus-Tempel erschien ihm noch schöner als alles, was er bis dahin hatte bewundern können. Die untergehende Sonne tauchte das Heiligtum in ein besonders warmes Licht und er hatte ausreichend Zeit, um eine Gesamtansicht des Bauwerks zu zeichnen. Auf der Hinfahrt hatte er schon den Eindruck bekommen, daß der Tempel zwar überwältigend, aber nicht übermäßig groß war und von allen Seiten gut proportioniert erschien; besonders der Pylon war ein Meisterstück an architektonischer Ausgewogenheit und Eleganz. Der Tempel wurde 1860 von dem französischen Archäologen Auguste Mariette freigelegt und restauriert. Er war dem hiesigen Schutzgott Horus geweiht, der mal als Falke, mal in Menschengestalt mit Falkenkopf und mal als geflügelte Sonne gezeigt wird. Im Gegensatz zu dem Eindruck, den Roberts im Hinblick auf die Größe bekommen hatte, ist der Tempel von Edfu mit 137 Meter Länge, 79 Meter Breite und 36 Meter Höhe über dem Portal das größte religiöse Gebäude in Ägypten nach dem Amun-Tempel in Karnak und noch dazu der am besten erhaltene Tempel. Der großartige Erhaltungszustand des riesigen Baudenkmals ermöglicht es, auch den architektonischen Aufbau der anderen ägyptischen Tempel, die aufgrund von Einstürzen und

Zerstörungen häufig baufällig oder unvollständig sind, besser zu verstehen. Der Bau des Tempels wurde im Jahr 237 v. Chr. von Ptolemaios III. Euergetes I. begonnen und erst 180 Jahre später von Ptolemaios XIII. endgültig abgeschlossen. Der Aufbau des Tempels entspricht dem Grundriß, der sich gegen Ende des Neuen Reiches entwickelt hat, bereichert wird er dazu noch durch weitere Vorsäle und eine strengere Aufteilung des Tempelinneren, insbesondere im Bereich des Opfertischraumes. Der Zugang zum Horustempel erfolgt durch das große Portal, das zusammen mit den zwei wuchtigen Türmen zu jeder Seite den Pylon bildet. Obwohl dem Pylon schon zu der Zeit, als Roberts ihn zeichnete, das große Gesims fehlte, das den höchsten Punkt krönte, bleibt ein unvergeßlicher Eindruck zurück; die jetzige Höhe beträgt 47,5 Meter. Hinter dem Pylon schließt sich der große von 32 Säulen umgebene Kolonnadenhof an, der zur Vorhalle führt. Von diesem großen Saal gelangt man in den sogenannten „Festsaal", einem zweiten Säulensaal, dessen Decke wiederum von Säulen getragen wird. Zwei aufeinanderfolgende Vorsäle führen schließlich zum Naos, dem Allerheiligsten, um das herum zehn Kapellen angeordnet sind, die niedrigeren Gottheiten geweiht sind.

David Roberts R.A.
Portico of the Temple Edfou Upper Egypt 1838

Der Pronaos des Tempels von Edfu

Abbildung 50

23. November 1838

Die perfekten Proportionen des Tempels von Edfu faszinierten Roberts, ebenso die prächtigen, mehrfarbigen Reliefverzierungen, die auf allen Oberflächen zu finden waren. Er ließ sich selbst von der unerträglichen Hitze nicht davon abhalten, zwei Ansichten des Kolonnadenhofes zu malen, dessen erhabene Pracht eine ganz besondere Anziehungskraft auf ihn ausübte. Das Heiligtum von Edfu erweckt in der Tat beinahe den Eindruck, als ob Ägypten am Untergang seiner glorreichsten Geschichte noch einmal seine künstlerischen Fähigkeiten unter Beweis hätte stellen wollen. Nur 27 Jahre nach der Fertigstellung des Tempels, im Jahr 30 v. Chr., löschte Augustus nämlich die letzten Überbleibsel der ptolemäischen Macht aus und brachte Ägypten unter die Knechtschaft Roms; aber auch die römischen Kaiser waren von der Erhabenheit des Heiligtums fasziniert und bemühten sich um die Erhaltung des Baudenkmals. Die Front der Vorhalle (Pronaos), die mit sechs Säulen auf den großen Säulenhof zeigt, ist vielleicht der eindrucksvollste Teil des Tempels. Hier sieht man die Vorliebe der Ptolemäer für Kapitelle mit komplizierten Formen: Die zwei gleich neben dem Portal haben die Form einer Lotusblüte, die in der Mitte sind mit Dattelpalmblättern verziert, und die äußeren schließlich entstanden nach dem Vorbild einer für die Region typischen Palme, der Hyphaene thebaica. Im Inneren der Halle befinden sich zwölf weitere, sich paarweise gegenüberstehende Säulen, die das Dach tragen. Auch hier haben die Kapitelle die verschiedensten Formen.

Aus dem Tagebuch von David Roberts:
23. November - Heute habe ich zwei große Zeichnungen gemacht, eine von der Vorhalle und eines von unterhalb der Vorhalle aus in Richtung des Pylonen. Für das erste Bild mußte ich direkt in der Sonne sitzen, nur durch einen Sonnenschirm geschützt, dabei hat die Temperatur heute 37 °C im Schatten erreicht. Ich fürchte, meine Arbeit ist nicht besonders gut geworden, aber dieser Säulenhof ist so schön, daß ich einfach nicht widerstehen konnte. Von jetzt an werde ich mich nicht mehr so viel in der Sonne aufhalten, auch wenn dann die Gefahr besteht, daß mir einige interessante Motive entgehen.

Der Pylon des Horus-Tempels in Edfu, vom Pronaos aus gesehen

Abbildung 51

23. November 1838

Bei der Betrachtung von Bildern wie diesen darf nicht vergessen werden, daß Roberts, bevor er sich mit der eigentlichen Malerei beschäftigt hatte, ein talentierter Bühnenmaler war, der über viele Jahre hinweg für die renommiertesten Theater in Schottland die Bühnenbilder erstellt hatte. Der Pronaos und der große Kolonnadenhof des Tempels von Edfu mußten mit ihrer erstaunlichen perspektivischen Flucht und der strengen Symmetrie der architektonischen Module, die durch die Fülle an Verzierungen wieder gemildert wird, die Aufmerksamkeit des Künstlers in höchstem Maße wecken. So erklärt sich auch die offensichtliche und wiederholte Bevorzugung des gleichen Motivs, das er aus drei unterschiedlichen Blickwinkeln gemalt hat. Vom Bildaufbau her ist dieses Gemälde sicherlich eines der Besten der ganzen Sammlung: Dadurch, daß der Maler den Architrav kühn mit in den Vordergrund einbezieht, erreicht er, daß der äußere Bereich maximal ausgedehnt wird. Das geschickte Spiel mit dem Helldunkel hingegen suggeriert eine fast körperliche Wahrnehmung des Kontrastes zwischen der Hitze des sonnenüberfluteten Sandes und der Abkühlung, die der Schatten bietet. Die großen Basreliefs auf den Innenwänden des Pylonen zeigen Ptolemaios XIII. Neos Dionysos, während er den Lokalgottheiten Horus, Hathor und Ihy, ihrem Sohn, Opfer darbringt. Diese Reliefs sind von Roberts auf dem Bild perfekt wiedergegeben worden. Auf dem Pfosten des Portals ist die geflügelte Sonne, das Symbol des Schutzgottes von Edfu, deutlich zu sehen, und auch auf dem Architrav des Pronaos erscheint das Symbol, hier mehrfarbig. Der große Kolonnadenhof, in dem die Gläubigen an den Festtagen zusammenkamen, ist von Säulen umgeben, die fein gearbeitete Pflanzenkapitelle tragen.

Beim Anblick dieser Pracht bedauerte Roberts es nicht wenig, daß das Innere des Tempels völlig unzugänglich war.

David Roberts R.A.
L. Haghe, lith.

Die Front des Pronaos im Tempel von Edfu

Abbildung 52

24. November 1838

Während seines ersten Besuches in Edfu, am 26. Oktober, hatte Roberts den Tempel als den schönsten in ganz Ägypten bezeichnet, in allen seinen Bestandteilen so gut proportioniert, daß er unter jedem Blickwinkel perfekt erschien. Mit einem völlig in den Romantizismus seiner Zeit passenden Geschmack fügte er noch hinzu, daß der Tempel ihm so, wie er war, halb vom Sand begraben, noch faszinierender erschien, da er ihn an die von Piranesi gemalten Bilder des Forum Romanum erinnerte. Dieses Mal zeichnete der Maler die Vorhalle (Pronaos) von Südosten aus und konzentrierte seine ganze Aufmerksamkeit auf die riesenhaften Kapitelle, die sich auf den Säulen befinden und auf die hieroglyphischen Inschriften, die fast jede verfügbare Oberfläche bedecken. Aufgrund des Sandes, der einen großen Teil des Bauwerks unter sich barg, konnte der schottische Maler leider die Schrankenwände nicht sehen, die bis auf halbe Höhe die seitlichen Interkolumnien ausfüllen und sich erst mit dem Portal in der Mitte öffnen, auch dieses ein typisches Merkmal der ptolemäischen Architektur. Mit lebhafter Aufmerksamkeit für die Einzelheiten des einheimischen Lebens, hat Roberts im Hintergrund unter dem Portikus einen Weber bei der Arbeit gemalt. Wie auch in den drei vorhergehenden Bildern, sieht man über dem Gebälk des Pronaos einige ärmliche Behausungen aus Lehm und Holz, die wie Vogelnester fast überall auf dem ganzen Gebäude entstanden waren und dessen wundervolle Proportionen verunstalteten. Auguste Mariette ließ diese elenden Unterkünfte später zerstören. Dieses Bild ist richtig datiert, da das eher selten der Fall war, ist dies ein fast greifbares Indiz für den überwältigenden Eindruck, den der Tempel von Edfu auf Roberts ausgeübt hat.

Aus dem Tagebuch von David Roberts:
24. November - Heute stieg das Thermometer auf mehr als 37 °C im Schatten und selbst mit Hilfe eines Sonnenschirms und eines Zelts war das Zeichnen äußerst ermüdend.

Das Innere des Tempels von Esna, Oberägypten

Abbildung 53

25. November 1838

Ohne daß Hassan Amoris ihnen einen Moment der Ruhe gönnte, verbrachten die Männer die Nacht an den Rudern, und bei Tagesanbruch erreichte das Boot die dreißig Meilen nördlich von Edfu gelegene Stadt Esna. Zwar konnte der Tempel des Chnum dem Vergleich mit dem in den vorangegangenen Tagen besichtigten großartigen Heiligtum nicht standhalten, aber Roberts brachte es trotzdem nicht übers Herz, weiterzufahren, ohne dieses Bauwerk zu verewigen, dessen anspruchsvolle und reichhaltige Verzierungen in jedem Fall denen anderer Tempel in keinster Weise nachstanden. Auch heute noch ist dieses Baudenkmal der ganze Stolz dieser alten Stadt, deren Wirtschaft immer noch zum großen Teil vom Handel mit Kamelen und kostbaren Stoffen abhängt.
Die Könige der XVIII. Dynastie, die etwa um 1500 v. Chr. das Land regierten, waren es, die hier den ersten Tempel bauten, der dem Chnum geweiht wurde, dem widderköpfigen Schöpfergott. Die Bewohner von Esna sahen in diesem Gott den Schöpfer der Menschen, der die Menschen und alle Dinge auf der Töpferscheibe bildete. Unter der Regentschaft der Saiten wurde der Tempel teilweise renoviert, aber erst im Jahr 181 n. Chr. begann unter Ptolemaios VI. Philometor der vollständige Neuaufbau des Tempels. Unter der Herrschaft der Römer wurde das Heiligtum dann vergrößert. Das Bauwerk, das vielleicht von einer Umfassungsmauer umgeben war, bestand aus dem Pronaos, zwei kleineren Vorhallen, dem Naos und zwei durch Korridore verbundenen Vorzimmern. Der Pronaos ist der einzige Teil des Tempels, der uns über die Jahrhunderte hinweg vollständig erhalten geblieben ist. Die Vorderseite ist geprägt durch sechs Säulen, deren Interkolumnien bis zur halben Höhe mit Schrankenwänden besetzt sind, was den baulichen Normen ptolemäischer Zeit völlig entspricht, und doch ist dieser Gebäudeteil erst in der zweiten Hälfte des ersten Jahrhunderts nach Christus unter der Herrschaft der Kaiser Tiberius, Claudius und Vespasianus fertiggestellt worden. Der Letztgenannte wird in einer Widmungsinschrift als „Herrscher der Hauptstadt Rom" bezeichnet. Die Einzigartigkeit des Tempels von Esna besteht darin, daß er vollständig mit Reliefs ausgestattet ist. Die Mauern und Säulen sind mit religiösen Inschriften bedeckt, die eine ungeheure Vielzahl von Themen beschreiben: sie erzählen von den Anfängen der Welt, vom Leben und seines Fortgangs, von der Schaffung des Menschen und von den religiösen Grundlagen der königlichen Macht. Die wichtigsten Abschnitte wurden während der Regentschaften von Trajan und Hadrian (2. Jh. n. Chr.) in den Stein gemeißelt, die jüngeren hingegen gehören in die Zeit von Decius (250 n. Chr.). Sie stellen die jüngste bekannt gewordene Hieroglyphensammlung dar. Die Decke der Vorhalle, die von weiteren achtzehn, mit Blumenkapitellen geschmückten Säulen getragen wird, ist mit wunderbaren astronomischen Darstellungen verziert.

Aufgrund der ringsherum angehäuften Trümmer liegt der Tempel heute neun Meter unterhalb des Straßenniveaus; als Roberts ihn besuchte, war das Betreten nur über eine abwärts laufende Treppe im Inneren des Gebäudes möglich. Damals diente der Saal als Pulvermagazin und wurde später für einige Zeit in ein Lager für Weizen und Baumwolle umgewandelt.

Aus dem Tagebuch von David Roberts:
25. November - Während der Arbeit war ich von einer Gruppe sehr freundlicher koptischer Christen umringt, die mich als einen der ihren zu betrachten schienen. Einige von ihnen habe ich auf mein Bild gezeichnet, worüber sie begeistert waren. Esna ist die letzte christliche Stadt am Nil, bevor man nach Abessinien gelangt. Als ich an Bord zurückkehrte, fand ich Hassan Amoris vor, der unter heftigen Schmerzen litt. Da ich dachte, es handelte sich um die Cholera, gab ich ihm 30 Tropfen Laudanum. Zu meiner großen Erleichterung war er nach einigen Stunden wieder auf den Beinen.

Die Ruinen des Tempels von Hermonthis

Abbildung 54

26. November 1838

Nachdem sich Hassan Amoris von seinem Fieberanfall erholt hatte, der einige Stunden lang für große Besorgnis unter Roberts und den Leuten seiner Mannschaft gesorgt hatte, verließ das Boot die Stadt Esna und erreichte im Laufe der Nacht Armant.

Roberts ging schon ganz früh morgens an Land und verbrachte einige Stunden damit, den Tempel von Mont zu zeichnen, der ihm schon auf der Hinfahrt recht malerisch erschienen war. Die etwa 20 km von Luxor entfernte Stadt war aller Wahrscheinlichkeit nach die Geburtsstadt der Könige der 11. Dynastie, die hier dieses bedeutende Heiligtum errichteten. Im Altertum war der Ort unter dem Namen On bekannt, wurde aber auch Per-Mont (= Haus des Mont) genannt, da hier der falkenköpfige Kriegsgott besonders verehrt wurde. Während der römischen Zeit wurde der Ort, der inzwischen den griechischen Namen Hermonthis bekommen hatte, die Hauptstadt eines blühenden Gaus. Der von Nektabenos II. und später von zwei Königen der ptolemäischen Dynastie, Kleopatra VII. und Ptolemaios XV. Caesar, restaurierte Tempel stand auch während der römischen Herrschaft für Kulthandlungen offen. Diese Abbildung hat eine beachtliche dokumentarische und archäologische Bedeutung: Schon als Roberts das Baudenkmal sah, hatte es an Bedeutung verloren und wurde teilweise als Wohnsitz des lokalen Scheichs genutzt. Wenige Jahre später wurde es dem Erdboden gleichgemacht, um die so gewonnenen Steine für den Bau einer großen Zuckerfabrik sowie der Uferkais zu nutzen. Bei den mehrfach in diesem Jahrhundert durchgeführten Ausgrabungsarbeiten kamen einige Kilometer nördlich der kleinen Stadt die Begräbnisstätten der heiligen Stiere des Mont zum Vorschein, sowie eine dazugehörende Begräbnisstätte der Stiermütter.

David Roberts, R.A.
L. Haghe, lith

Die Tempelanlage von Karnak

Abbildung 55

Zwei Stunden nach seiner Abfahrt aus Armant um 11 Uhr vormittags am 26. November kam Roberts in Karnak an, und schon nach wenigen Minuten ging er in der Nähe des großen Heiligtums an Land. Am darauffolgenden Tag begann er, die Ruinen zu malen, die ihn schon einige Wochen zuvor so aufgewühlt hatten.
Obwohl er mittlerweile an derartige Anblicke gewöhnt war, nachdem er Edfu, Philae und die Ramseskolosse in Abu Simbel gesehen hatte, versetzten ihn die Ruinen des antiken Theben immer noch in sprachloses Erstaunen. Um sich die Gefühle vorstellen zu können, die ihn dabei bewegten – und so ähnlich wird es wohl allen Reisenden gegangen sein, die sich im vorigen Jahrhundert flußaufwärts auf die Reise in das pharaonische Ägypten machten –, ist es nützlich, noch einmal zu dem Tagebucheintrag vom 23. Oktober zurückzublättern, in dem Roberts seine Eindrücke anschaulich schildert: „Karnak ist noch überwältigender als Luxor. Seine Großartigkeit ist einfach unvorstellbar. Es wäre lächerlich, das was ich hier gesehen habe, in rationale Worte fassen zu wollen. Der Anblick des Tempels hebt sich von allen meinen bisherigen Erfahrungen so sehr ab, daß ich ihn mit nichts vergleichen könnte. Wie auch bei den anderen Tempeln ist man im ersten Moment fast ein wenig enttäuscht, denn das Heiligtum liegt auf einer endlosen Ebene, wodurch die Größenverhältnisse verfälscht werden; wenn man sich ihm dann nähert, verschlägt es einem die Sprache. Um die Ausmaße der Baustrukturen begreifen zu können, muß man in ihrem Schatten bleiben, nach oben schauen und mitten durch sie hindurchgehen: Das erschreckt mich, und bei dem Gedanken, daß meine Bilder kaum eine Ahnung davon vermitteln können, was ich ausdrücken möchte, fängt meine Hand an zu zittern. Der Umfang der Säulen beträgt mehr als zehn Meter, ein Mensch wirkt daneben wie ein Zwerg. Die Steinblöcke, die überall rundherum liegen sind so riesig, daß man sich fragt – mal abgesehen davon wie sie ausgeschnitten wurden –, wie sie bloß transportiert und an ihren Platz bewegt werden konnten."

27. November 1838

Der Grosse Säulensaal im Tempel von Karnak

Abbildung 56

27. November 1838

Wie schon einmal erwähnt, stehen die Orte Luxor und Karnak mit ihren berühmten Tempeln auf dem einstigen Stadtgebiet von Theben – im Altertum mehrfach die prächtige Hauptstadt des ägyptischen Reiches. Homer beschreibt sie im 9. Gesang der Ilias als „die Stadt der hundert Tore" aufgrund der unzähligen Karawanen, die täglich dorthin kamen und dazu beitrugen, die wirtschaftliche und politische Macht der Stadt zu vergrößern. Theben war in memphinitischer Zeit als bescheidenes Fischerdorf entstanden, wuchs aber nach der zweiten Vereinigung Ober- und Unterägyptens enorm an und erreichte seine Blütezeit zwischen 1580 und 1085 v. Chr. Die große Metropole wurde beherrscht durch die gewaltige Tempelanlage, die der thebanischen Triade geweiht war; bei jedem neuerlichen Sieg über immer weiter entfernte Feinde ließen die Pharaone den Tempel noch weiter vergrößern. Unerbittlich und unerwartet kam dann aber der Niedergang: die gleiche geographische Position, die tausend Jahre zuvor die Entwicklung der Stadt begünstigt hatte, wurde jetzt die Hauptursache für ihren Verfall. Da die Stadt zu weit im Landesinneren lag, weit entfernt vom Mittelmeer, das sich damals zum Zentrum der bekannten Welt entwickelte, und vom Deltagebiet, wo die Könige des ramessidischen Geschlechts neue militärische Stützpunkte gegen ausländische Invasoren errichten mußten, verlor Theben schnell seine politische und geistige Vormachtstellung. Sais, Tanis und schließlich das alte Bubastis nahmen seinen Platz als Königsresidenz ein, und die Bedeutung der Stadt schwand immer mehr dahin. Aufgrund der Eroberung der Stadt durch assyrische Heere unter Assurbanipal 633 v. Chr. und schließlich durch die ptolemäische Herrschaft war die Stadt endgültig zum Untergang verurteilt. Als die römischen Legionen dort ankamen, war sie schon zum größten Teil nur noch eine Ruine. Während der christlichen Zeit wurden viele Bauwerke der Stadt in Kirchen und Klöster umgewandelt, die Kunstwerke verstreut oder zerstört, von Menschen, die in ihnen grausame Symbole des Heidentums sahen. Ueset, so hieß Theben im alten Ägypten, wurde danach eine durch einen Kanal zweigeteilte Stadt: Im Süden entstand die Stadt Luxor, im Norden Karnak. Trotz der Zerstörungen und der erlittenen Plünderungen ruft der Amun-Tempel aber auch heute noch aufgrund seiner Dimensionen Bewunderung hervor, die in diesem wunderbaren Bild von David Roberts großartig zum Ausdruck kommt.

Das Mittelschiff im Grossen Säulensaal von Karnak

Abbildung 57

28. November 1838

Wie schon die vorhergehende Lithographie zeigt auch diese Abbildung eine Teilansicht des Großen Säulensaales im Amun-Tempel: Roberts zeichnete diesen Saal, der sich mehr als alles andere in sein Bewußtsein einprägte, aus drei verschiedenen Blickwinkeln. Dieser Hypostyl, gebaut von Sethos I. und Ramses II., kann zu recht als eines der Wunder der Antike angesehen werden. Auf einer Gesamtfläche von 5000 m² stehen 134 Sandsteinsäulen, angeordnet in sechzehn Reihen: Die zwölf hier abgebildeten Säulen, die das Mittelschiff abgrenzen, sind gut 24 Meter hoch und tragen Kapitelle, deren Umfang an der breitesten Stelle mehr als fünfzehn Meter mißt. Es ist also kein Zufall, daß dieser Saal, im übrigen der größte der Welt mit einem Steindach, schon von den ersten Archäologen den Beinamen „Säulenwald" bekam. Der bestehende Höhenunterschied zwischen den mittleren Säulen und den Säulen der Seitenschiffe ermöglichte die Errichtung von zahlreichen Fenstern zwischen den Architraven und der Decke, durch die der Saal, der auf allen Seiten von hohen Wänden umschlossen war, angemessen ausgeleuchtet wurde. Eines dieser Fenster ist oben links in der Abbildung deutlich erkennbar, während im Hintergrund der schmale Obelisk von Thutmosis I. zu sehen ist. Dieser ist der einzige von ehemals vier Obelisken, die der mächtige Pharao im Mittelhof zwischen dem 3. und 4. Pylon hatte errichten lassen. Sämtliche Oberflächen sind reich mit Basreliefs und Inschriften verziert, die die komplexen Kulthandlungen und die Beziehungen zwischen den Königen und den Göttern veranschaulichen. Leider sind die lebhaften Farben, die Roberts auf diesem Bild wiedergibt, heute an vielen Stellen verblaßt, wenn nicht sogar verschwunden. Obwohl Roberts in der Regel immer streng auf die getreue Wiedergabe der Wirklichlichkeit bedacht war, machte er in diesem Fall eine Ausnahme: Da er aller Wahrscheinlichkeit nach fürchtete, einige der Subskribenten der Arbeit in Verlegenheit zu bringen, wenn nicht sogar die allgemeinen Moralvorstellungen seiner Zeit zu verletzen, faßte er den Entschluß, bei den Basreliefs, die den schamlosen, von den alten Ägyptern ithyphallisch dargestellten Fruchtbarkeitsgott Min zeigen, eine Zensur vorzunehmen.

Thebes
Great Hall at Karnac Nov. 28 1838.
David Roberts R.A.
L. Haghe Lith

DER GROSSE SÄULENSAAL VON KARNAK, VON AUSSEN GESEHEN

Abbildung 58

28. November 1838

Roberts hielt sich gut vier Tage in Karnak auf. Er arbeitete fieberhaft, wie besessen von der Idee, daß es ihm nicht gelingen könnte, die Erhabenheit dieser Anlage, die das Haus der Hauptgottheit Amun auf Erden war, auf Papier bringen zu können.
Er stand bei Sonnenaufgang auf und hörte trotz der Hitze und der zermürbenden Stiche der allgegenwärtigen Stechmücken nicht vor der Dämmerung auf zu zeichnen und zu vermessen. Dann endlich gönnte er sich die verdiente Ruhepause, und aß in Gesellschaft von zwei englischen Reisenden, Woolner Corry und William Hurnard, zu Abend, die er schon einige Zeit zuvor kennengelernt hatte, als sie auf dem Weg zum Zweiten Katarakt waren. Auf dem Rückweg sind die beiden in Karnak geblieben, und als sie von Roberts' Anwesenheit hörten, beschlossen sie, noch einige Tage zu bleiben und gemeinsam mit dem Künstler das antike Theben zu besichtigen.
In seinem Tagebuch beschreibt Roberts die beiden als liebenswürdige und angenehme Gefährten. Am Abend des 4. Dezember sollten die beiden sich dann wieder auf den Weg nach Kairo machen.
Der Namenszug von Corry ist auch heute noch auf verschiedenen ägyptischen Baudenkmälern zu finden, eingehauen in den Stein, was ganz einer tadelnswerten Gepflogenheit entspricht, die wohl weder geographische noch zeitliche Begrenzungen kennt.
Diese Abbildung zeigt eine weitere Teilansicht des Großen Säulensaales, dieses Mal von außen gesehen. Die eindeutige Vorliebe, die Roberts für diese Halle an den Tag legt – in unseren Augen mag sie sogar übertrieben scheinen –, wird dadurch gerechtfertigt, daß damals die übrigen Bereiche des Heiligen Bezirks nur wie ein Gewirr aus sehr beschädigten Bauteilen erschienen, die noch dazu teilweise unter dem Sand verborgen lagen, so daß das Ganze sich kaum zu einer Einheit zusammenfügte. Fast alle Pharaonen wollten das Heiligtum vergrößern, teilweise sogar, indem sie ältere Bauteile zerstörten und für neue Werke wieder benutzten. Dadurch ist die Architektur der Anlage sehr komplex, woran sich auch nach den umfangreichen Restaurierungsarbeiten, die im letzten Jahrhundert begonnen wurden und bis heute noch nicht beendet sind, nichts geändert hat. Der Tempel, dessen alter Name Ipet-sut war, kann beinahe als eine in den Stein gearbeitete theologische Abhandlung betrachtet werden, er entwikkelt sich auf zwei Achsen, die von Osten nach Westen und von Norden nach Süden verlaufen. Diese Achsen sind die mystischen Darstellungen des Himmels und der Erde, der göttlichen und der königlichen Macht. Die Anlage umfaßte vier Höfe, zehn Pylonen, einen Heiligen See und zahlreiche andere Nebengebäude, unter anderem den Chons-Tempel und ein kleines Heiligtum, welches der Epet, der Mutter der Isis, geweiht war.

Gesamtansicht der Ruinen von Karnak, bei Sonnenaufgang

Abbildung 59

29. November 1838

Diese große Gesamtansicht des Tempelbezirks von Karnak hat Roberts am frühen Morgen des 29. November angefertigt. Sie ist eine der besten der gesamten Sammlung, sowohl was die Komposition angeht, als auch aus rein emotionellen Gesichtspunkten heraus: Das warme Licht der aufgehenden Sonne berührt das weit ausgedehnte Ruinenfeld, während die im Vordergrund des Bildes abgebildete Gruppe von Einheimischen der Szene einen Hauch von exotischer Romantik verleiht. Im Hintergrund sind, von links nach rechts, erkennbar: der Erste Pylon des großen Amun-Tempels, der Säulengang des Taharka, die Reste des Zweiten Pylonen, die Kolonnade des Großen Säulensaals, der Obelisk von Thutmosis I. und der der Königin Hatschepsut, der Große Festtempel Thutmosis III. und das von Nektanebos I. erbaute Osttor. Mit dieser Gesamtansicht wollte Roberts eindeutig die unglaublichen Ausmaße dieses Heiligtums deutlich machen. Mit einer Fläche von 30 Hektar ist er in der Tat der größte Säulentempel der Welt. Unter den Königen der 12. Dynastie wurde der Bau des Tempels begonnen, daher stellt dieses gigantische Bauwerk das Ergebnis von mehr als sechzehn Jahrhunderten Bau- und Vergrößerungsarbeiten dar. Somit kann man es fast als eine Art Kompendium der ägyptischen Kunst ansehen. Da es sich nämlich um die bedeutendste Stätte des Amun-Kultes handelte, war es für jeden Pharao von Bedeutung, immer noch weitere Verbesserungen anzubringen. Schon bald zeigte sich, daß eine Ausweitung der Anlage aus Gründen der Proportionen bedeutete, immer kolossalere Bauwerke errichten zu müssen: Das Ergebnis ist diese gewaltige Tempelanlage, in der sich viele Elemente wiederholen, und die in einem gewissen Sinne ein architektonisches Durcheinander darstellt, was aber zweifelsfrei gleichzeitig auch Teil ihrer Einzigartigkeit ist.

Der Amun-Tempel ist das Baudenkmal, das besser als jedes andere die Pracht wiedergibt, welche die Pharaone sowohl aus religiösen Gründen als auch aus Gründen des politischen Prestiges in den für die Kulthandlungen vorgesehenen Bauwerken verwirklichen wollten.

Der Grosse Hof von Karnak und der Säulengang des Taharka

Abbildung 60

29. November 1838

Der Heilige Bezirk von Karnak besteht aus drei einzelnen Bereichen, die jeweils durch Umfassungsmauern aus ungebrannten Ziegeln voneinander getrennt sind.
In der größten Einfriedung befinden sich der Große Amun-Tempel und der kleinere Tempel des Chons, des thebanischen Mondgottes, Sohn des Amun und der Mut; im nördlichen Tempelbezirk steht das Heiligtum des Kriegsgottes Mont, und auf der entgegengesetzten Seite der bislang noch weitgehend unerforschte Tempel der Göttin Mut. Der Zugang zum Amun-Tempel verlief ursprünglich über zwei unterschiedliche Wege, je nachdem ob man vom Nil oder vom Land her kam. In beiden Fällen kündigte sich der Eingang zum Tempel durch eine Reihe hoher Pylonen an; die jeweils trapezförmigen Türme, die ein mächtiges Portal umschlossen, waren wahrscheinlich durch die militärische Architektur beeinflußt. Diese charakteristischen Elemente sind mit ziemlicher Sicherheit die Ursprünge des heutigen Namens Karnak, was auf arabisch „befestigter Ort“ bedeutet.
Die Gläubigen, die von Süden über eine lange Sphingenallee kamen, betraten den Tempel durch die südlichen Propyläen, die zum Mittelhof zwischen dem Dritten und dem Vierten Pylonen führten, und auf dem sich der eigentliche Tempel öffnete. Der Hauptzugang dagegen war der vom Fluß kommende Weg, der auf einer Achse mit dem Allerheiligsten verlief. Durch den Ersten Pylon gelangte man in den Großen Hof, dem größten Hof aller ägyptischen Tempel. Er wurde während der 22. Dynastie errichtet und ist auf der linken Seite von achtzehn Säulen und auf der rechten von neun Papyrusbündelsäulen umsäumt. In der Mitte dieses weiten Bereiches steht eine 21 Meter hohe Säule, das einzige Überbleibsel eines von dem äthiopischen König Taharka um 680 v. Chr. erbauten Kiosks. Als Roberts den Tempel besuchte, war der Große Hof von Ruinen übersät, und die hohe Säule ragte nur zur Hälfte aus dem sie umgebenden Sand heraus. Vom Hof aus gelangt man in den Großen Säulensaal, und dann, nachdem man den Dritten und den Vierten Pylonen durchquert hat, in die Säulenhalle; zwei weitere Pylonen befinden sich vor dem Allerheiligsten, hinter dem schließlich die „Große Festhalle“ liegt.

Seitenansicht des Grossen Säulensaales von Karnak

Abbildung 61

29. November 1838

Diese weitere Ansicht des Großen Säulensaales verdeutlicht nicht nur die titanischen Proportionen der Säulen im Verhältnis zu den am Fuße einer Säule stehenden zwergenhaften Figuren, sondern auch den baufälligen Zustand des Gebäudes. Außerdem richtet Roberts sein Augenmerk hier auf die einzigartige Komplexität der Verzierungen des Tempels, die auch durch eine brillante Farbvielfalt gekennzeichnet ist.
Im Verlauf der jahrtausendealten Geschichte dieses Heiligtums haben ganze Generationen von Königen den Tempel geprägt, indem sie die Oberflächen mit Hieroglyphen und Figuren bemalen ließen. Diese Basreliefs zeigen aber nicht nur detailreich die religiöse Vision der alten Ägypter, sie sind auch reich an unschätzbaren Hinweisen auf die geschichtlichen Begebenheiten des Landes: Auf diese Weise ermöglichten die Kenntnisse über den Tempel von Karnak die Rekonstruktion einer exakten Chronologie der Geschichte des Neuen Reiches und eine vollständige Aufstellung der Pharaonen, die beim Bau des Heiligtums aufeinander folgten. Keinen der Könige kümmerten dabei die Ausgaben und eine Inschrift erinnert daran, daß die Königin Hatschepsut „soviel Scheffel Gold wie Säcke voller Weizen" zahlte. Während der 19. Dynastie (1335-1205 v. Chr.) waren mehr als 80 000 Menschen als Arbeiter, Bauern, Sklaven, Wächter und Priester im Tempel beschäftigt. Um diesen Baueifer für Amun zu verstehen, muß erläutert werden, daß der Kult dieser höchsten Gottheit eben hier in Karnak seinen offiziellen Ausgang nahm, unterstützt von einem prunkvollen Kultapparat, der von dem einfachen und spontanen Glauben der Menschen weit entfernt war. Schon etwa um 2000 v. Chr. deutete sich an, daß Amun die Hauptgottheit für diejenigen werden würde, die die Autorität des häufig mit dem Bild des Gottes verbundenen Pharaos anerkannten. Der Aufstieg des Tempels zum wichtigsten religiösen Zentrum Ägyptens trug mit den unzähligen Umarbeitungen dazu bei, das ursprüngliche Aussehen des Heiligtums zu entstellen. Trotzdem wurden aber auch hier die charakteristischen Merkmale der ägyptischen Tempel bewahrt, die als „Palast" Gottes auf Erden gebaut wurden.

Die Ruinen des Tempels von Medamut, in der Nähe von Karnak

Abbildung 62

30. November 1838

Die zeitliche Einordnung dieses Bildes in den Gesamtkontext verursachte einiges an Kopfzerbrechen, denn Roberts hat den Tempel von Medamut weder auf der Hinreise noch auf der Rückreise eindeutig erwähnt. Jedoch kann man wohl auf der Basis einiger praktischer Überlegungen davon ausgehen, daß er den Ort am 30. November besucht hat.
Aus dem Tagebuch geht hervor, daß er während der drei vorangegangenen Tage mit Zeichnungen des Tempels von Karnak beschäftigt war. Er notierte, daß er sieben Bilder gemalt habe, wahrscheinlich die auf den zurückliegenden Seiten (einschließlich des Titelblatts dieses Kapitels, das das große, von Ptolemaios III. erbaute Tor zeigt). Vom 1. Dezember, einem Samstag, schreibt er, daß er ihn „in Luxor begonnen und beendet" habe, und am Sonntag hat er wie immer, unter Beachtung der biblischen Vorschriften, nicht gearbeitet, sondern sich auf einen Besuch der Tempelanlage von Medinet Habu beschränkt. Von da an bis zur Abfahrt nach Dendera am Abend des 6. Dezember hielt er sich am linken Nilufer auf, wo sich die Grabtempel, die Memnonkolosse und das Tal der Könige befinden. Daher bleibt also nur der 30. November. An diesem Tag schreibt er ganz allgemein, einige Skizzen und zwei Studien in Öl angefertigt zu haben.
Der Tempel von Medamut liegt etwa sechs Kilometer nördlich von Karnak am gleichen Ufer. Damals gab es in der Gegend nicht so viele moderne Gebäude, so daß die Ruinen schon weithin sichtbar gewesen sein mußten und mit Sicherheit für den unersättlichen Roberts einen verlockenden Anziehungspunkt darstellten. Wir hoffen also mit unseren Vermutungen richtig zu liegen, wenn nicht, möge uns der Leser die langen Ausführungen verzeihen.
Die Ruinen des Mont-Tempels, die man noch heute in Medamut besichtigen kann, reichen in die ptolemäische Zeit und in die römische Kaiserzeit zurück, auch wenn die eigentlichen Ursprünge des Heiligtums viel weiter zurückliegen. Im alten Madu, wie die Stadt im Altertum genannt wurde, war der Kult des Kriegsgottes nämlich bereits in der Zeit des Alten Reiches aufgeblüht, damals wurde mit dem Bau des ersten Tempels begonnen, der dann von Sesostris III. und später, mit zunehmender Bedeutung dieser Gottheit, auch von den Königen des Neuen Reiches erweitert und erneuert wurde. Während der drei Jahrhunderte ptolemäischer Herrschaft wurden zahlreiche Heiligtümer, die den antiken Göttern des ägyptischen Pantheon geweiht waren, restauriert oder erneuert, dazu gehörte auch der Tempel von Medamut. Von diesem Baudenkmal sind nur die fünf Säulen erhalten, die Roberts gemalt hat: Die zwei, die das große Portal umschließen, haben reiche Pflanzenkapitelle, die anderen drei sind Papyrusbündelsäulen mit geschlossenem Kapitell.

David Roberts R.A.
L. Haghe lith.

Die Front des Grossen Amun-Tempels in Luxor

Abbildung 63

1. Dezember 1838

In Luxor verbrachte Roberts nur einen einzigen Tag, den ersten Dezember: Dies läßt darauf schließen, daß er bereits auf der Hinfahrt die Möglichkeit gehabt hatte, verschiedene Skizzen anzufertigen, die er dann an Hand der neuen Beobachtungen vervollständigte.

Während er mit der vorbereitenden Zeichnung für die nebenstehende Lithographie beschäftigt war, ließ sich ein Falke genau auf der Spitze des Obelisken nieder, der sich gegenüber dem großen Pylon befindet. Von Zeit zu Zeit flog er auf, um sich auf die aufdringlichen Tauben zu stürzen, die erschreckt auseinanderstoben, nachdem sie sich vorher rings um den Maler herum aufgehalten hatten: Aus einer sympathischen Geste heraus fügte er den Vogel mit in das Bild ein. Das große Heiligtum, das halb unter Trümmern begraben lag, wurde geradezu erstickt von einer Unzahl kleiner Hütten. Auf ihren Dächern befanden sich hunderte von Tontöpfen die als Taubenschlag verwendet wurden. Im ersten Hof läßt sich ein Gebäude erkennen, auf dem sich eine Kuppel befindet; hinter dem linken Turm ragt dagegen die Spitze des Minaretts der Moschee Abu el-Haggag heraus, die auch heute noch in der archäologischen Ausgrabungsstätte liegt.

Der Tempel wurde erst 1885 freigelegt von dem Franzosen Gaston Maspéro, dem Begründer der umfassenden, auch heute noch andauernden Ausgrabungsarbeiten.

Der Obelisk Ramses' II. in Luxor

Abbildung 64

1. Dezember 1838

In Luxor stand der wichtigste Nebentempel des großen Heiligen Bezirks von Karnak, mit dem er von Nektanebos I. durch eine gewaltige drei Kilometer lange Allee aus Sphingen mit Menschenköpfen verbunden worden war. Schon im Mittleren Reich existierte in diesem Bereich Thebens ein älteres Heiligtum, was durch die Wiederverwendung von älterem Material bezeugt wird. Das architektonische Gesamtbild von Luxor ist jedoch weitaus einheitlicher als das von Karnak, was auch daran liegt, daß der Tempel auf die Bauten von lediglich drei Pharaonen zurückgeht: Amenophis III., Tutanchamun und Ramses II. Amenophis III. betraute im 14. Jh. v. Chr. Amenhotep, den Sohn des Hapu, mit der Planung des Tempels. Dieser Architekt war für seine Weisheit berühmt und wurde nach seinem Tod wie ein Gott verehrt. Er richtete den Tempel ausnahmsweise von Norden nach Süden aus, um ihn in einer direkten Verbindung an die Wohnstätte des Amun in Karnak anzubinden. Die zwei Nachfolger vergrößerten wie üblich den Tempel in seiner Ausdehnung, wobei sie auch hier auf die Wiederholung der gleichen Strukturelemente zurückgriffen. Die ursprüngliche Anlage umfaßte das Allerheiligste und die davorliegende Vorhalle, der von Kolonnaden umsäumte Hof und der große Säulengang wurden erst später von Amenophis III. hinzugefügt. Nach seinem Tod gab sein ungläubiger Sohn Amenophis IV. (Echnaton) das Vorhaben und die Residenz auf, um den Aton-Kult als Staatsreligion in einer neuen Reichshauptstadt, dem heutigen Tell el-Amarna, zu begründen. Der Tempel von Luxor wurde daher erst von dem Neffen Tutanchamun fortgeführt, der nach seiner Rückkehr nach Theben und zur Religion der Vorfahren seinen Glauben unter Beweis stellen wollte, indem er zahlreiche Verschönerungsmaßnahmen durchführte. Unter der 19. Dynastie schließlich vervollständigte Ramses II. den Tempel durch den Anbau des großen, von Säulengängen umgebenen Hofes, dessen Achse er etwas nach Osten verschob. Davor befindet sich der gewaltige Pylon, dessen Reliefverzierungen seinen Sieg über die Hethiter in der Schlacht von Kadesch zeigen. Vor dem Pylon ließ er zwei Obelisken errichten, auf denen versöhnende Inschriften und Opferszenen für Amun zu sehen sind. Beide wurden von dem ägyptischen Pascha Mehmed Ali Frankreich zum Geschenk gemacht. Der westliche Obelisk, 25 Meter hoch und 220 Tonnen schwer, wurde nach Paris verbracht und am 25. Oktober 1836 von dem Ingenieur Jean Babtiste Lebas mitten auf der Place de la Concorde aufgestellt. Roberts hatte dafür nur Worte des Tadels übrig, und er wäre wahrscheinlich froh gewesen zu erfahren, daß die französische Regierung 1980 offiziell auf ihre Rechte am Besitz des zweiten Obelisken verzichtete.

Eine der Kolossalstatuen Ramses' II. vor dem Tempel von Luxor

Abbildung 65

1. Dezember 1838

Außer den zwei Obelisken befanden sich ursprünglich vor dem Pylon noch sechs enorme Statuen, von denen drei verlorengegangen sind. Roberts konnte nur die Oberteile der zwei Kolosse aus dunklem Granit bewundern, die als Wächter vor dem Eingang aufgestellt waren und damals aus den Trümmern herausragten. Die Gesichter dieser gewaltigen Statuen, die beide den auf dem Thron sitzenden Ramses II. darstellten, waren schon damals ziemlich beschädigt. Die dritte große Skulptur, die heute vor dem rechten Pylonturm zu sehen ist, lag damals noch unter dem Sand begraben; sie ist aus rotem Granit gehauen und stellt gleichfalls den Pharao dar, dieses Mal aber stehend. Über der rechten Schulter der Kolossalstatue sieht man eine in Stein gehauene Schriftrolle mit verschiedenen Hieroglyphen: In diesem Zusammenhang ist es erwähnenswert, daß Roberts mehrfach in seinem Tagebuch kaum verhüllte Zweifel über die Entzifferung der alten ägyptischen Sprache zum Ausdruck bringt. So schreibt er am 22. Oktober, während seines Aufenthaltes im Tal der Könige unter anderem: „Wenn es stimmt, daß die Hieroglyphen entziffert werden können, dann kann man in diesem Grab bestimmt das gesamte Pantheon der ägyptischen Mythologie zurückverfolgen". Dabei hatte Jean François Champollion bereits im Jahr 1822 den Précis du Système Hièroglyphique veröffentlicht, und 1838 war seine Methode der Entzifferung mittlerweile unanfechtbar geworden und wurde weltweit anerkannt.

One of Two Colossal Statues of Rameses II. Entrance to the Temple of Luxor.
L. Haghe Lith.

at Luxor, Thebes. Upper Egypt.

DIE KOLONNADE IM HOF AMENOPHIS III., LUXOR

Abbildung 66

1. Dezember 1838

Die nebenstehende Lithographie zeigt einen Ausschnitt des von Säulen umsäumten Hofes von Amenophis III. Der große offene Bereich mißt 51 Meter in der Breite und 45 Meter in der Länge, er ist auf drei Seiten von einer zweifachen Kolonnade aus Papyrusbündelsäulen mit geschlossenem Kapitell umgeben. Zu der Zeit, als Roberts das Bild anfertigte, war auch dieser Teil des Tempels teilweise begraben, und ein großer Teil der zu Boden gestürzten Säulen war völlig unter dem Sand verborgen.

Der Tempel von Luxor – von den Ägyptern Apet Amun resjet genannt, das südliche Frauenhaus des Amun – übernahm eine komplexe Funktion. Einmal im Jahr wurde im zweiten oder dritten Überschwemmungsmonat das Opet-Fest gefeiert, bei dem das Abbild des Amun auf der Götterbarke in einer feierlichen Zeremonie aus dem Großen Tempel von Karnak auszog. Nach einer strengen Hierarchie folgten der Götterbarke drei weitere Heilige Barken: Die erste trug die Statue der Mut, der Gemahlin des Amun, auf der zweiten befand sich die des Chons, ihrem Sohn, und in der dritten folgte schließlich der Pharao. Die Prozession zog langsam nilaufwärts bis auf die Höhe des Tempels von Luxor. Dieser lag so weit oberhalb des Nils, daß er selbst bei den größten Überschwemmungen nicht unter Wasser stand. Nachdem die Statuen von den Barken gehoben und auf symbolischen Bahren abgesetzt wurden, die von den Priestern auf den Schultern getragen wurden, durchschritten sie den Eingangspylon, gingen weiter zwischen den Säulen des Heiligtums und wurden schließlich vor dem Allerheiligsten abgesetzt. Jede Barke wurde in eine andere Cella gebracht und sie wurden erst zehn Tage später wieder abgeholt; in der Zwischenzeit hatte Amun durch seine mystische und fleischliche Verbindung mit der Mut die Welterneuerungsriten vollzogen. Gleichzeitig begegnete der Pharao im Halbschatten der geheimsten Räume des Tempels der Königin. Die Bevölkerung, die aufgerufen war, während des Festes ihre Freude auszudrücken, kam aus allen Teilen der Region angereist. Unaufhörlich flossen dem Tempel dabei Weihopfer zu, die um so höher ausfielen, je besser die Ernte gewesen war. Frauen mit Kinderwunsch begaben sich auf Pilgerfahrt zum Heiligtum, um Hilfe und Schutz des Amun zu erbitten, der in Theben als Zeugungsgott, ähnlich dem Min, verehrt wurde, dessen erigiertes Glied Fruchtbarkeit verspricht.

Am zehnten Tag wurden die Statuen wieder auf die Barken gebracht und die Prozession zog zurück nach Karnak. Der Pharao, der in seiner königlichen Rolle gestärkt und bestätigt worden war, konnte nun für ein weiteres Jahr seinem Volk den Wohlstand zusichern, da er sicher war, daß die nächste Ernte dank des wohltätigen Einflusses des Amun gut ausfallen würde.

Das westliche Ufer des Nils, von Luxor aus gesehen

Abbildung 67

1. Dezember 1838

Um dieses Bild so malen zu können, mußte Roberts auf einen der Architrave der Säulengänge klettern, die den Großen Hof Ramses' II. im Tempel von Luxor umgeben. Von diesem bevorzugten Aussichtspunkt aus konnte er seinen Blick über die gesamte grüne Fruchtebene des westlichen Nilufers schweifen lassen, dort wo sich die Pharaonen des Neuen Reiches ihre Grabtempel hatten errichten lassen. Von links nach rechts erkennt man den Tempel Ramses' III., die einzelstehenden Memnonkolosse, das Ramesseum und den Tempel von Sethos I., in dessen Nähe das Dorf Kurna lag. Hinter dem Tempel beginnt das Tal der Könige, in dem bis heute 62 jahrtausendealte Königsgräber entdeckt wurden. Die mächtigen Könige von Memphis hatten zwar die ägyptische Architektur durch den Bau von Pyramiden als Wohnstätte für die Ewigkeit revolutioniert, die gleichfalls innovative Idee, den Totentempel von der eigentlichen Grabstätte zu trennen, geht aber auf den thebanischen Pharao Thutmosis I. zurück, der von 1525 bis 1512 v. Chr., zu Beginn der 18. Dynastie, regierte. Seine Nachfolger waren an dieser Lösung sehr interessiert; in die Unverletzbarkeit ihrer Grabstätten legten sie die Hoffnung, von Grabräubern ungestört ihre Reise ins Jenseits vollziehen zu können. Die Tempel zu Ehren von Amenophis I., II. und III., von Merenptah und Merenptah-Sipta, von Ramses I., II., III. und IV., von Sethos I. und von Thutmosis II., III. und IV. standen daher in der Ebene entlang des Nilufers, nicht weit entfernt vom Taleingang. Von diesen wundervollen Bauwerken, die von den Königen aus drei Dynastien der thebanischen Triade und dem eigenen Kult geweiht waren, sind der Nachwelt nur die aus Stein gebauten erhalten geblieben, alle anderen, aus ungebrannten Ziegeln gebauten, sind praktisch verschwunden.

Beachtenswert ist, daß Roberts den Tempel der Königin Hatschepsut im Tal von Deir el-Bahari nicht in die Gesamtansicht einfügte; aber dieser großartige, terassenartige Bau, den man heute von Luxor aus gut sehen kann, wird tatsächlich erst seit 1967 wieder restauriert.

Eine Gruppe Ägypter im Tempel Sethos I., Theben

Abbildung 68

3. Dezember 1838

An diesem ersten Sonntag im Dezember besuchte Roberts die Umgebung des Dorfes Kurna, wahrscheinlich in Begleitung von Hurnard und Corry. Wie an jedem Sonntag arbeitete er auch an diesem Tag nicht. Am darauffolgenden Tag jedoch machte er sich wieder eifrig ans Werk, und so war er schon in den frühen Morgenstunden unterwegs zum Tal der Könige. Auf dem Weg dorthin legte er einen kurzen Aufenthalt bei den Ruinen des Tempels Sethos' I. ein, der in der Ebene von Theben am Rande der Fruchtebene steht. Der Pharao weihte dieses große Bauwerk, das auf den Fundamenten eines älteren Gebäudes errichtet wurde, dem Amun, mit dem Ziel sein eigenes Andenken zu verewigen und das seines Vaters Ramses I. zu ehren. Sethos I. lebte allerdings nicht lange genug, um der von Ramses II. durchgeführten Vollendung des Tempels beizuwohnen. Die große Tempelanlage macht heute einen sehr verfallenen Eindruck, und von den Pylonen und Höfen ist nur wenig geblieben. Auch von der langen Prozessionsstraße, die zum Tempel hinführte, stehen nur noch zwei Sphingen; von dem Säulengang, der im Osten dicht am kleineren Pylon den zweiten Hof begrenzte, sind hingegen von den ursprünglich zehn Papyrusbündelsäulen noch neun erhalten. In einem sehr unüblichen Grundriß verbinden drei Türen den Säulenhof mit den entsprechenden Bereichen des Tempels, die den drei Königen geweiht sind. Der in der Mitte liegende Säulensaal ist von zahlreichen Seitenkammern umgeben, die zur Aufbewahrung der Barken und der Kultgeräte dienten. Vom Säulensaal aus gelangt man in das eigentliche Naos, dessen Decke von vier Pfeilern getragen wird. Die Kulträume von Ramses I. und Ramses II. und deren Nebenräume sind leider schwer beschädigt. Im Hintergrund dieser Lithographie erkennt man einen Abschnitt des Säulenganges, in dessen Schatten einige pittoresk aussehende Personen Kühlung suchen. In der Mitte vor der Wasserpfeife sitzt ein Beamter des Paschas, der nach Kurna gekommen war, um die Steuern einzutreiben und um eventuell schlichtend einzugreifen, wenn aufgrund der schlechten örtlichen Verwaltung Unstimmigkeiten entstanden waren. Zu dessen rechter Seite sitzt der Scheich des Dorfes, der von einem Burschen begleitet ist. Diese hohen Persönlichkeiten des Dorfes warten darauf, ihr Anliegen vorbringen zu können, wahrscheinlich um sich die Gunst des Beamten mit Geschenken und Spenden zu kaufen, denn damals stand Korruption auf der Tagesordnung. Auch hier läßt Roberts den Zauber des Exotischen nicht außer Acht und fügt eine verschleierte Frau und zwei Kinder in das Bild ein, deren Kleidung auf die Zugehörigkeit zu verschiedenen Schichten hinweist.

Das Tal der Könige

Abbildung 69

3. Dezember 1838

Nachdem Roberts den Tempel Sethos' I. hinter sich gelassen hatte, kam er bald in das Tal der Könige. Der Maler hatte bereits am 22. Oktober eine Exkursion hierher gemacht, aber kein Bild angefertigt, sondern lediglich Notizen gemacht über die eindrucksvollsten Gräber, insbesondere über das von Sethos I., das erst 21 Jahre vorher von Belzoni entdeckt worden war. Das wellenförmige Tal der Könige erstreckt sich, umgeben von schroffen Felsen, am Fuß des Berges el-Qurn, dessen dreieckige Form an eine Pyramide erinnert. Hier befinden sich die Grabstätten von Königen der 18., 19. und 20. Dynastie; der arabische Name dieses Ortes, Biban el-Muluk, „Die Tore der Könige" weist auf die Eingänge zu diesen in den Kalkstein gehauenen Grabstätten hin. Wie schon zuvor angedeutet, sollte das Tal der Könige aufgrund einer ursprünglich von Tuthmosis I. stammenden Idee eine der berühmtesten archäologischen Fundstätten der Welt werden. Der Pharao wollte sein Ewiges Haus getrennt vom Totentempel und versteckt an einem geschützten Ort wissen. Der Architekt des Pharao ließ das Grab als tiefen Schacht in die unwegsame Felsenwand hauen und legte am Ende des Stollens eine Grabkammer an, die den Sarkophag des Verstorbenen und seine Grabbeigaben aufnehmen konnte.
Auf diese Weise entstand das Grundschema eines Königsgrabes, das mit der Zeit von den Nachfolgern durch den Anbau von Korridoren, Säulensälen und Nebenkammern weiter unterteilt wurde. Sobald die sterblichen Überreste des Pharao bestattet waren, wurde das Grab nicht mehr aufgesucht, denn die Kulthandlungen fanden in den Totentempeln statt, die in der Ebene am Rande des Fruchtlandes lagen. Im Gegensatz zur landläufigen Annahme wurden die Zugänge zu den Gräbern nicht geheimgehalten; die Wächter des Tales kontrollierten regelmäßig die bei der Bestattung angebrachten Siegel, welche aber nicht ausreichten, um die wertvollen Grabbeigaben vor den Grabschändern zu schützen, die sich häufig auch habsüchtige Wächter zu Komplizen machten. Zwei Papyri und andere Zeugnisse dokumentieren Grabschändungen schon während der 20. Dynastie; fast alle Grabstätten wurden in der Folgezeit ausgeraubt und die thebanischen Priester sahen sich gewungen, die Mumien vieler Pharaonen in ein geheimes Versteck zu verbringen, das erst 1881 entdeckt wurde. Das einzige unversehrt gebliebene Grab war das des Tutanchamun, das zusammen mit dem sagenhaften Schatz im Jahr 1922 von Howard Carter und Lord Carnarvon aufgefunden wurde.
Seltsamerweise fertigte Roberts von dem Tal nur eine Gesamtansicht mit den damals sichtbaren Eingängen an, wobei er die beeindruckenden Wandverzierungen im Inneren außer acht ließ, obwohl sie ihn sehr begeistert hatten. Dennoch ist das Bild interessant, auch weil es den Maler selbst zusammen mit Hurnard, Corry, Ismail und Hassan Amoris zeigt.

Dayr el Medeeneh _ Thebes

Der Tempel von Ptolemaios IV. in Deir el Medina

Abbildung 70

3. Dezember 1838

Die Straße, die sich heute durch das Tal der Könige zieht, verläuft genau auf dem Weg, der schon im Altertum dafür genutzt wurde, die Sarkophage der Könige an ihre letzte Ruhestätte zu geleiten. Die Arbeiter der Gräber, die im Dorf Deir el-Medina lebten, benutzten hingegen einen wesentlich kürzeren Weg, um zu ihrer Arbeitsstätte zu gelangen. Dieser Weg überwindet den Bergrücken zwischen den beiden parallel liegenden Tälern und ist auch heute noch leicht zu begehen. Nachdem Roberts die Besichtigung der Gräber abgeschlossen hatte, beschloß er, diesen Weg zu gehen, der ihn auf dem kürzesten Wege dorthin bringen würde, wo die Handwerker der königlichen Nekropole gelebt hatten. In der Nähe stand ein kleiner, sehr gut erhaltener Tempel, den Ptolemaios IV. Philopator zu Ehren der Hathor und der Maat, den Schutzgöttinnen der thebanischen Grabstätten, hatte bauen lassen; gleichzeitig war der Tempel aber auch dem Gelehrten Imhotep und dem Amenhotep, Sohn des Hapu, geweiht. Imhotep hatte die erste Pyramide Ägyptens, den Djoser-Bezirk gebaut, und Amenhotep war der Baumeister des Tempels von Luxor unter Amenophis III.; infolge des komplizierten Synkretismus der ägyptischen Religion wurden diese beiden historischen Persönlichkeiten in einer späteren Zeit vergöttlicht und gingen somit in das grenzenlose Pantheon mit Amun-Re als Hauptgottheit ein. Der unter Ptolemaios VI. Philometor und Ptolemaios VIII. Euergetes II. fertiggestellte Tempelbau weist einen kanonischen Grundriß auf: Durch einen Vorraum, der mittlerweise ohne Dach ist, betritt man einen kleinen Vorsaal, von dem aus drei Türen zu den Kapellen führen. Der Architrav des Vorsaals wird von zwei Säulen mit reichen Pflanzenkapitellen und von zwei zierlichen Hathorsäulen getragen; das auf dem Bild sichtbare kleine Fenster gab einer Treppe Licht, die auf das terassenartige Dach führte. Der gesamte Tempel ist nur neun Meter breit und 13,5 Meter lang, aber die ausgewogene Struktur des Gebäudes und die hervorragenden Wandmalereien rechtfertigen die Aufmerksamkeit, die Roberts diesem Bauwerk entgegenbrachte. Dieses Bild sollte ihn gleichzeitig auch selbst bei der Arbeit darstellen, gekleidet auf türkische Art, welche damals in Ägypten die verbreitetste war.

Statues of Memnon. Thebes. Decr 4th 1838

Die Memnonkolosse in der Ebene von Theben

Abbildung 71

4. Dezember 1838

Roberts brachte den ganzen 4. Dezember damit zu, die Memnonkolosse aus drei verschiedenen Blickwinkeln zu malen. Diese riesigen, schon im Altertum berühmten Zwillingsstatuen sind die einzigen Überreste des von dem Architekten Amenhotep geplanten Totentempels Amenophis' III., dem größten in Westtheben. Er lag sehr weit östlich in der Überschwemmungsebene des Nils und war zum größten Teil aus ungebrannten Ziegeln gebaut, weshalb er mit großer Sicherheit aufgrund der alljährlichen Überflutungen durch den Fluß zerfallen ist. Als nur noch ein Haufen Ruinen übriggeblieben war, nutzten ihn die Nachfolger des Pharaos als Steinbruch für andere Bauten. Das gleiche Ende war auch dem prächtigen Königspalast beschieden, der sich einige Kilometer nordöstlich des Totentempels, in Malqata befand. Vor dieser großen Palastanlage, die von einer mächtigen Umfassungsmauer geschützt war, in der sich auch zahlreiche Vorratskammern für Lebensmittel befanden, lag ein großer künstlicher See, der Birket Habu, der durch einen schiffbaren Kanal mit dem Nil verbunden war. Einzige Zeugnisse der verlorengegangenen Pracht sind die zwei Statuen, die den vergöttlichten Amenophis III. darstellen. Ursprünglich standen sie zu beiden Seiten des Tempelzugangs. Da die Kolosse aus einem sehr harten, aus den Steinbrüchen von Edfu stammendem Kieselsandstein gehauen sind, konnten sie den stetig wirkenden Erosionskräften widerstehen und uns erhalten bleiben.
Im Hintergrund der Lithographie lassen sich die Umrisse des Totentempels von Ramses III. in Medinet Habu erkennen.

Thebes Decr 1838

Die Memnonkolosse, von Südwesten aus gesehen

Abbildung 72

4. Dezember 1838

Den Namen „Memnonkolosse“ erhielten diese Statuen von griechischen Reisenden aufgrund einer Fehlinterpretation des ägyptischen Namens. Beide Kolossalstatuen von Amenophis III. wurden 27 v. Chr. durch ein Erdbeben schwer beschädigt, das wahrscheinlich dem dahinter liegenden Tempel den Gnadenstoß versetzte. Nach dem Erdstoß ließ sich allmorgendlich bei Sonnenaufgang bei dem nördlichen Koloß ein eigentümlicher Klagelaut vernehmen, wodurch die Popularität der Kolosse noch weiter zunahm. Die in ptolemäischer Zeit entstandene Legende, nach der es sich bei den Kolossen um den im Trojanischen Krieg von Achilles getöteten homerischen Memnon handele, dessen Abbild allmorgendlich mit sanftem Klageton seine Mutter Eos (lat. Aurora) begrüße, verfestigte sich.
Da die Memnonkolosse in der römischen Zeit die beliebtesten Baudenkmäler in ganz Ägypten geworden waren, zogen sie Scharen von Besuchern an, auch ihrer riesigen Ausmaße wegen: Bezieht man die Sockel mit ein, erreichen die Figuren eine Höhe von knapp 20 Metern. An den Seiten der Sitze sind noch die vertieften Reliefs mit je zwei Nilgöttern zu erkennen, welche eine Lotos- und eine Papyruspflanze, die Wappenpflanzen von Ober- und Unterägypten, als Symbol für die Einheit der beiden Reiche miteinander verschlingen.
Am nördlichen Koloß steht auf der linken Seite eine Statue seiner Mutter Mutemwija, rechts davon die der Gemahlin Teje. Auf dieser Abbildung sieht man Hurnard, Corry und Hassan Amoris, die Roberts auf seiner Exkursion begleitet hatten, wie sie sich mit Hilfe eines Seils am „klingenden“ Memnonkoloß hochziehen.

DIE MEMNON-KOLOSSE, BEI SONNENAUFGANG

Abbildung 73

In den ersten zwei Jahrhunderten unserer Zeitrechnung war es unter griechischen und römischen Reisenden Mode geworden, die Memnonkolosse in Theben zu besichtigen. Schon Strabo hatte über das Phänomen der klingenden Statue berichtet, das von Pausanias und Juvenal im 2. Jh. n. Chr. bestätigt wird. Zahlreiche griechische und lateinische Inschriften sind noch im unteren Bereich des nördlichen Koloß' zu entziffern und bestätigen, daß nur von diesem der wunderbare Klang ausging; unter anderen befindet sich hier die Inschrift von Giulia Balbella, die den Kaiser Hadrian und seine Frau Sabina auf ihrer Reise nach fgypten begleitete, und die des griechischen Poeten Asklepiodotos. Leider blieb der Ton aus, nachdem Septimius Severus, vielleicht um den Schmerz des Gottes zu lindern, den oberen Teil der Statue hatte wiederherstellen lassen. Diese Lithographie, auf der die Kolosse vom Licht der aufgehenden Sonne, das sich in der überschwemmten Ebene spiegelt, überflutet werden, ist ein schönes Beispiel für das technische Können und den vom Romantizismus durchsetzten Geist des Malers, welche hier den Höhepunkt an Lyrismus erreichen. Dabei hat Roberts die hier abgebildete Szene nur konstruiert: Die Überflutungen des Nils begannen nämlich jeweils zwischen Mai und Juni, stiegen dann bis Anfang Oktober immer weiter an, um dann rasch wieder zurückzugehen: Roberts konnte also diesem Ereignis gar nicht beigewohnt haben.

Aus dem Tagebuch von David Roberts:
5. Dezember - Heute habe ich besonders viel geschafft, vor allem dank eines starken Gewitters, ein Ereignis, was in dieser Gegend sehr selten vorkommt. Ich habe zwei großformatige Bilder vom Ramesseum gemalt und zwei vom Tempel von Medinet Abu.

Das Ramesseum in Theben, während eines Gewitters

Abbildung 74

5. Dezember 1838

Am 5. Dezember brach ein ebenso heftiges wie unerwartetes Gewitter aus. Die Ruinen wirkten in der thebanischen Ebene wie unheimliche Erscheinungen, wenn sie vom gespensterhaften Licht der Blitze hell erleuchtet wurden, während der Himmel immer dunkler wurde. Roberts, der von diesem Schauspiel ungebändigter Schönheit fasziniert war, wollte die seltene Gelegenheit nutzen, die sich ihm bot, und den Totentempel Ramses' II. bei diesem Unwetter zeichnen. Obwohl dieser große Tempelbau, den Champollion Ramesseum getauft hatte, unter der Zeit und unter den Menschen schon sehr gelitten hatte, ist er eines der perfektesten und elegantesten Beispiele dieses architektonischen Bauschemas. Schon im klassischen Altertum war der Tempel berühmt, der Historiker Diodo hinterließ von ihm eine erstaunliche Beschreibung, und auch der griechische Geograph Strabo erwähnt ihn, bezeichnet ihn aber mit dem Namen Memnonium, da er Ramses irrtümlicherweise mit dem mythischen König Äthiopiens, dem im Krieg von Troja getöteten Sohn von Eos und Tithonos, verwechselte.

In der ursprünglichen Anlage umfaßte das Ramesseum verschiedene Gebäude, die alle innerhalb einer Umfassungsmauer aus ungebrannten Ziegeln lagen: der Kultpalast, wo mit großem Prunk der Ruhm des Königs gefeiert wurde, ein kleineres Heiligtum, welches der Mutter und der Gemahlin geweiht waren, die großen Vorratskammern, in denen die für die Feierlichkeiten und für den Unterhalt der Priester notwendigen Lebensmittel aufbewahrt wurden, und außerdem der Königspalast, in dem Ramses selbst während der Zeremonien wohnte. Obwohl der Begriff „Totentempel" inzwischen allgemein gebräuchlich ist, erkennt man doch an der Vielzahl der Funktionen, wie ungenau diese Bezeichnung ist, diese prachtvollen Bauwerke wurden nämlich von den Pharaonen noch zu Lebzeiten genutzt. Da die Tempel Teil des Kultes der vergöttlichten Pharaonen waren, die mit der thebanischen Hauptgottheit Amun verbunden war, wurden sie von den alten Ägyptern auch „Schlösser für Millionen Jahre" genannt. Unter anderem begingen die Pharaonen hier auch ein Fest, dessen Ursprünge sehr weit zurücklagen, ein Fest, das, zumindest dem Namen nach, im dreißigsten Jahr ihrer Regentschaft stattfand, bei dem ihre eigenen Energien und folglich die des ganzen Landes erneuert werden sollten. Erst nach dem Tod des Königs wurden in der Stille dieser Heiligtümer die komplizierten Rituale der Reinigung und der Opfergaben aufgenommen, durch die die Wiedervereinigung des Königs mit der höheren Gottheit unterstützt werden sollte.

Der Koloss Ramses' II. im Rameseum

Abbildung 75

5. Dezember 1838

Wie alle anderen Reisenden, die die Ruinen des Ramesseums besuchten, war auch Roberts beim Anblick der Trümmer der Kolossalstatue Ramses des Großen sprachlos. Die gewaltige Statue, die der Pharao nach seinem eigenen Abbild erschaffen und vor den zweiten Pylon des Tempels errichten ließ, war ursprünglich knapp 18 Meter hoch. Sie war aus einem einzigen Block roten Assuangranits hergestellt und wog mehr als 1000 Tonnen. Der Koloß stellte den auf dem Thron sitzenden König mit der Doppelkrone von Ober- und Unterägypten auf dem Kopf dar. Sein Name ist auf den eingemeißelten Schriftrollen an den Oberarmen und am Sitz noch gut lesbar. Der Koloß inspirierte Shelley zu dem berühmten Sonett Ozymandias, was die griechische Übersetzung des Vornamens Ramses' II. ist, User-Maat-Re, oder „Groß ist die Wahrheit des Re". Es gibt zahlreiche Erklärungen für die Zerstörung dieses antiken Weltwunders – dazu gehört auch das im Jahr 27 v. Chr. in dieser Gegend stattgefundene Erdbeben – aber es ist sehr wahrscheinlich, daß die Verantwortung für diese Verschandelung eher den koptischen Christen zuzuschreiben ist, die alles, was mit der antiken ägyptischen Religion zusammenhing, als Gotteslästerung sahen. Links von den enormen Bruchstücken des Oberkörpers stehen vier Osirissäulen, die Überreste des Säulengangs, der rings um den zweiten Hof verlief; hinter ihnen sieht man die wenigen Reste des zweiten Pylonen. Ganz im Hintergrund liegen die Trümmer des ersten Pylonen, der auf der rechten Seite von einem Basrelief geschmückt ist, das Ramses II. zeigt, wie er auf seinem Streitwagen gegen die Hethiter zieht. Links im Vordergrund liegen die Überreste der zwei ebenfalls imposanten Statuen des Pharaos, die vor dem Großen Säulensaal als Wache standen; der großartige Kopf von einer der beiden Statuen, dem „Jungen Memnon", wurde 1816 von Giovanni Battista Belzoni gefunden und in das Londoner British Museum verbracht. Das Ramesseum war eines der monumentalsten Bauwerke, die Ramses der Große, in dem einige den Pharao des biblischen Exodus sehen, hatte bauen lassen. Er war ein tatkräftiger und entschlossener Herrscher, der überall, in Ägypten wie in Nubien, Zeichen seiner fieberhaften Bautätigkeiten setzte. Nachdem der Tempel am Ende der 20. Dynastie aufgegeben worden war, wurde er als Bestattungsort für die Priester verwendet, dann als Steinbruch und schließlich als koptische Kirche. In jüngerer Zeit ist die Tempelanlage Gegenstand von umfangreichen Restaurierungsmaßnahmen geworden.

Fragments of the Great Colossus, at the Memnonium. Thebes

Der Tempel von Medinet Habu, Theben

Abbildung 76

5. Dezember 1838

Nicht weit entfernt vom Ramesseum stehen in Medinet Habu die eindrucksvollen Ruinen des Totentempels, den Ramses III. in einem Bezirk bauen ließ, wo schon einige ältere heilige Stätten standen. Schon während der vorangegangenen Besichtigung am 21. Okober, hatte Roberts die Möglichkeit gehabt, die große Tempelanlage zu bewundern: „Dann besuchten wir den Tempel von Medinet Habu, der von allen auf dem westlichen Flußufer in Theben stehenden Bauwerken der außergewöhnlichste ist, er entzieht sich jeder Beschreibung." Der Tempelbezirk wird von einer mächtigen Außenmauer begrenzt. An der südlichen Seite der Mauer öffnet sich zwischen zwei hohen Türmen das Hohe Tor, das von den Archäologen im Gefolge Napoleons „Pavillon Ramses' III." genannt wurde. Diese einzigartige Struktur – auf der Lithographie die höchste sichtbare Baueinheit – ist über und über mit Basreliefs verziert, meist mit kriegerischen Abbildungen, die die Figur des Pharao verherrlichen. Rechts vom Hohen Tor steht der Tempel der 18. Dynastie, vor dessen anmutigem Portal sich zwei schmale Säulen mit einem Kapitell aus geöffnetem Papyrus befinden. Der Totentempel von Ramses III., der innerhalb einer zweiten, heute fast vollständig verschwundenen Ziegelmauerumfassung lag, ist eines der stilistisch perfektesten Bauwerke, die uns die ägyptische Architektur hinterlassen hat. Zwei Höfe, vor denen sich jeweils ein hoher Pylon befindet, liegen hintereinander auf der Achse Süd-West/Nord-Ost; ihnen folgt, immer noch auf der gleichen Achse, ein überdachter Bereich, der aus drei Säulensälen besteht und schließlich das Allerheiligste. Links vom Tempel sieht man noch die Ruinen des Königspalastes, der aus einem Säulensaal für die Audienzen, dem Thronsaal und aus zahlreichen Bade- und Waschräumen bestand. Die archäologischen Ausgrabungen förderten außerdem noch die Spuren eines Wohngebietes zutage, das sich um den Palast herum erstreckte, aber nur noch das Haus eines Aufsehers der Thebanischen Nekropole ist ausreichend gut erhalten, um Informationen daraus ziehen zu können. Rechts in der Lithographie sind die Öffnungen der sogenannten „Gräber der Adligen" zu sehen, die in die felsigen Ausläufer am Rand der thebanischen Ebene gehauen sind. Hier wurden, wie auch in zwei ähnlichen Nekropolen, während des Mittleren Reiches die Würdenträger des Hofes, Priester und hochgestellte Angehörige des Militärs bestattet.

Die Ruinen einer koptischen Kirche im Tempel von Medinet Habu

Abbildung 77

5. Dezember 1838

Aufgrund der von Kaiser Theodosius im Jahr 383 n. Chr. erlassenen Verordnung, nach der das Christentum im ganzen Römischen Reich die einzige zugelassene Religion sein durfte, wurden viele ägyptische Tempel in Kirchen umgewandelt. In Medinet Habu wurde das Heiligtum Ramses III. sogar zum Zentrum eines großen koptischen Dorfes, das bis zur Eroberung Ägyptens durch die Araber im 7. Jh. blühte und gedieh. Die Ruinen dieses Wohngebietes, die ab 1858 während der durch Auguste Mariette initiierten Ausgrabungsarbeiten niedergerissen wurden, sind auf der vorhergehenden Abbildung zu sehen. Im Inneren des Tempels, im zweiten Hof, errichteten die koptischen Mönche eine große Basilika, nachdem sie zuvor alle antiken Malereien und Verzierungen mit Putz überzogen hatten. Diese Maßnahmen erwiesen sich letzten Endes als wahres Glück, denn durch sie blieben die Basreliefs in perfektem Zustand erhalten. Die Schiffe der Basilika wurden durch Porphyrsäulen mit korinthischen Kapitellen getragen, die Roberts noch vor Ort sehen und in sein Bild einfügen konnte.
Da auch diese Überreste während der Ausgrabungs- und Restaurierungsarbeiten am Totentempel abgetragen wurden, ist der Lithographie ein bedeutender dokumentarischer Wert zugekommen. Nachdem der zweite Hof sein ursprüngliches Aussehen wieder erhalten hatte, sieht man ihn heute auf allen Seiten von Kolonnadenhallen umgeben: Im Norden und Süden erscheinen die traditionellen Osirispfeiler, die von den christlichen Mönchen stark beschädigt wurden, im Osten und Westen zehn Papyrusbündelsäulen mit geschlossenem Kapitell. Die Reliefs an den Wänden zeigen in eindeutig propagandistischer Absicht Bilder mit Kriegstaten oder Szenen von betont religiöser Ergebenheit, auf denen die der heiligen Barke folgende Prozession dargestellt ist, die Erscheinung des Min, der Austritt des Pharaos aus dem Königspalast und sein Eintritt in den Tempel.

David Roberts, R.A. L. Haghe, Lith.

Das Innere des Tempels von Dendera

Abbildung 78

6. Dezember 1838

Am Nachmittag des 5. Dezember nahm Roberts vom antiken Theben Abschied und erreichte dank eines günstigen Windes, durch den sie zum ersten Mal seit Abu Simbel die Segel hissen konnten, schon um elf Uhr des folgenden Tages Dendera, wo er sich gleich mit Eifer an die Arbeit machte, auch weil er von der Großartigkeit des Hathor-Tempels völlig mitgerissen war. Das große Heiligtum übte eine unauslöschliche, beinahe an Zauberei grenzende Faszination auf ihn aus, die ihn bis ins Innerste berührte. Das zeigt sich auch auf dem großen Ölbild auf Leinwand, das heute in der City Art Gallery von Bristol aufbewahrt wird. Dieses Bild hat Roberts 1841 anhand der Skizzen gemalt, die er vor Ort angefertigt hatte.

Die Stadt Dendera (Tentyris) war eines der wichtigsten religiösen Zentren des alten Ägyptens. Drei Gottheiten wurden in dieser Stadt verehrt: Neben der Hathor auch Horus, Gott des Himmels und Schutzpatron der Pharaonen und deren jugendlicher Sohn Ihi, der Gott der Musik mit Sistrum. Nur der Tempel der Hathor ist uns so gut wie vollständig erhalten geblieben, von den anderen Heiligtümern sind nur wenige Spuren geblieben. Wie Roberts, waren auch die anderen europäischen Reisenden und Archäologen, die im Laufe des vergangenen Jahrhunderts bis ins Herz Oberägyptens vordrangen, von dem der Göttin der Liebe und der Freude geweihten Tempel zutiefst verzaubert; damals lag das Bauwerk zur Hälfte unter Sand begraben, aber auch so strahlte es den Zauber aus, der heute, dank umfassender Ausgrabungs- und Restaurierungsarbeiten in seiner ganzen Pracht zum Ausdruck kommt. Als Wissenschaftler und Zeichner die systematische Erforschung der Ruinen begannen, wurde schon bald deutlich, daß die Ausrichtung des Tempels nach Süden und die große Hathormaske auf der südlichen Mauer eine ganz präzise Funktion hatten: Viele Kilometer flußaufwärts nämlich liegt auf dem gleichen Ufer der Tempel von Edfu, der dem Horus geweiht war, dem Gemahl der wohlwollenden Göttin, die in Dendera verehrt wurde. Die zwei Orte waren die Hauptkultstätten dieser beiden Gottheiten und waren durch eine mystische Partnerschaft verbunden, die einmal jährlich im Mai in einem großen Fest feierlich begangen wurde. Die Götterstatuen von Horus und Hathor wurden in einer Prozession an Bord der heiligen Barken über den Nil gefahren, um an die göttliche Verbindung zu erinnern. Schon seit dem frühesten Altertum mußte Dendera ein eigenes Heiligtum gehabt haben, das mehrfach zerstört und wiederaufgebaut wurde, aber die jetzige Tempelanlage stammt aus der spätptolemäischen und römischen Zeit. So erklärt sich auch, daß dieser Bau nicht so streng angelegt ist wie die älteren ägyptischen Tempel, sondern daß hier mehr Wert auf prachtvolle Verzierungen gelegt wurde, was in der Abbildung gut zum Ausdruck kommt. Sie zeigt das Innere der ersten Säulenhalle, in der sich achtzehn enorme Säulen mit großartigen Basreliefs befinden.

Aus dem Tagebuch von David Roberts:
6. Dezember - Heute habe ich ein Bild vom Inneren des Tempels gemalt, der der am besten erhaltene in ganz Ägypten ist. Im Hinblick auf die Vielzahl und die Qualität der Reliefs übertrifft er alle anderen bei weitem. Obwohl die Reliefs aus relativ später Zeit stammen, besitzen sie in meinen Augen die ganze majestätische Größe und die aussagekräftige Schlichtheit, die auch die antikeren Wandmalereien ausstrahlen.

View from under the Portico
of the Temple of Dendera.
David Roberts R.A.
L. Haghe lith.

Dendera Dec. 7th 1838
David Roberts R.A
L. Haghe Lith

Die Front des Hathor-Tempels in Dendera

Abbildung 79

7. Dezember 1838

Eine Besonderheit des Tempels von Dendera ist, daß kein Pylon vorhanden ist, ein Element, welches in der ägyptischen Tempelarchitektur allgegenwärtig ist. Hier dagegen besteht der vordere Teil des Tempels aus einer mächtigen, 42 Meter breiten und 18 Meter hohen Baustruktur, deren Fassade aus sechs Säulen besteht, die einen monumentalen Hohlkehlengesims tragen. Die Säulen sind bis auf halbe Höhe mit Schrankenwänden geschlossen, die mit Hieroglyphen und Basreliefs bearbeitet sind. Der hohe, nach oben offene Eingang befindet sich in der Mitte der Säulen, die hier in einem größeren Abstand voneinander stehen. Innerhalb des Pronaos befinden sich weitere 18, auf drei Reihen angeordnete Säulen, deren Kapitelle ausnahmslos die Gesichtszüge der lokalen Hauptgottheit tragen. Da die Vorhalle – die unter Tiberius angebaut wurde – höher ist als der Rest des Tempels, übernimmt sie in gewisser Weise die Funktionen des fehlenden Pylonen. Durch den deutlich trapezförmigen Umriß könnte der gesamte Komplex eigentlich plump, ja sogar unharmonisch wirken, aber die perfekte Ausgewogenheit zwischen ausgefüllten und unausgefüllten Bereichen und die vielen Details der reichhaltigen Verzierungen tragen dazu bei, daß das Baudenkmal doch wie ein architektonisches Wunderwerk erscheint. Ein Wunderwerk, das Roberts offensichtlich eine gewisse Ehrfurcht einflößte, denn, wie er bereitwillig zugab, verbrachte er einen großen Teil des 7. Dezembers damit, die beste Perspektive für sein Bild zu finden. Obwohl Roberts über die Güte seiner eigenen Arbeit unsicher war, ist das Bild von sehr hoher Qualität; man könnte sogar behaupten, daß gerade dieses Bild besonders gut Aufschluß gibt über Roberts' hervorragende Maltechnik, die hier aufgrund der ausgefeilten Technik von Louis Haghe ganz besonders gut zum Ausdruck gebracht wurde. In einer selten erreichten Symbiose in Bezug auf Ausdruckskraft und Ästhetik des Werkes, wird die abbildende Präzision des einen durch das kalligraphische Fingerspitzengefühl des anderen unterstrichen. Wie schon im vorhergehenden Bild, besticht auch hier die Leidenschaft, mit der Roberts selbst die kleinsten Details abbildet. Es ist daher eine Tragödie, daß die koptischen Christen, die den Tempel in eine christliche Kirche umgewandelt hatten, sich mit solch einem Eifer vor allem an den Bilder der Hathor vergriffen, einer jungen Frau mit rätselhaftem Lächeln. Roberts selbst drückte sein Bedauern darüber aus, die großen Kapitelle nicht so abbilden zu können, wie sie einst waren, nämlich verziert mit dem schönen Antlitz der Göttin, sondern nur noch pietätlos entstellt. Glücklicherweise hatten die Farben ihre Lebhaftigkeit noch erhalten können, insbesondere an der Decke der Vorhalle und auf den Säulentrommeln.

Die Dachkapelle des Tempels von Dendera

Abbildung 80

8. Dezember 1838

Durch die enge Verbundenheit der Kulte von Hathor und Horus und auch ihrer zeitlichen Nähe, weisen der Tempel von Edfu und der von Dendera sehr ähnliche architektonische Lösungen auf. Obwohl beide sehr gut erhalten sind, ist nur noch auf dem der Göttin geweihten Tempel die „Bestrahlungskapelle" erhalten, die sich in der südwestlichen Ecke des terassenförmigen Daches befindet. Einmal im Jahr wurde das ansonsten im Naos aufbewahrte Kultbild hierhergebracht und den Sonnenstrahlen ausgesetzt, durch die neue Energie in das Abbild der Göttin fließen sollte. Die Prozession der Priester zog sich über eine lange, in die östliche Tempelmauer gehauene Treppe, deren Wände – verziert mit Menschen, die in einer Richtung hinaufgehen und in die andere hinunter – den Ablauf der Zeremonie zeigen. Das Ritual der Vereinigung der Göttin mit den Strahlen des Sonnengottes Ra fand statt in einem zierlichen peripterischen Kiosk mit zwölf Hathorsäulen, die bis auf halbe Höhe mit den üblichen Schranken verbunden waren. Im nördlichen Bereich der Terrasse steht ein kleines Osirisheiligtum, das Roberts wahrscheinlich von Sand und Geröll verschüttet sah. Dendera war nach Abydos das wichtigste der Heiligtümer, in denen die vierzehn Teile des Gottes, der von dem grausamen Seth in Stücke gerissen wurde, aufbewahrt wurden. Die Verbindungen der Hathor zu Osiris und Horus rechtfertigen diese Vorrangstellung; in der Tat wurde Hathor (deren Name wörtlich „Haus des Horus" bedeutet), Tochter der Isis, irgendwann mit der Mutter selbst identifiziert, die im übrigen auch Horus geschaffen hatte, nachdem sie durch ihre magischen Künste den Phallus des ermordeten Osiris wiederaufleben ließ und sich mit einem Teil der Leiche ihres Gemahls vereinigte. Schließlich wurden die beiden Göttinnen als eine Einheit betrachtet. Isis, Tochter des Re und Mutter des Horus und des Ihi, Göttin der Natur und der Magie, war also die Gemahlin von Osiris, dem Gott des Todes und der Auferstehung, dessen von Seth entlang des Niltals verteilten Leichenteile sie geborgen hat, um sie an verschiedenen heiligen Stätten zu begraben. So erklären sich das komplexe Verwandtschaftsverhältnis und die Gründe für den sozusagen verwobenen Kult zwischen Dendera und Edfu.

ndera.
David Roberts R.A. L. Haghe lith.

Dendera_Decr. 1838

Das grosse Eingangstor zum Heiligen Bezirk von Dendera

Abbildung 81

8. Dezember 1838

Der von Ptolemaios VIII. Soter II. errichtete Tempel von Dendera erhebt sich inmitten eines weiten Bezirks, der von einer ziemlich beschädigten Umwallungsmauer aus ungebrannten Ziegeln umgeben ist. Die Seitenlängen der Mauer betragen zwischen 280 und 300 Meter; an der nördlichen und an der östlichen Seite befinden sich zwei monumentale Tore, die unter römischer Herrschaft gebaut wurden. Roberts malte den nach Osten zeigenden, welcher besser erhalten war. Auf der Lithographie ist deutlich zu erkennen, daß dieser Bauteil zum großen Teil unter der Erde lag, genau wie der Hathor-Tempel und auch die anderen ihn umgebenden Gebäude. Innerhalb der Umwallung des heiligen Bezirkes befinden sich nämlich noch andere interessante Baudenkmäler. Dicht hinter der rückwärtigen Front des großen Tempels stehen die sehr beschädigten Überreste eines kleinen, der Geburt der Isis geweihten Heiligtums: Die noch vorhandenen Reliefs zeigen Nut, die Himmelsgöttin, während sie, wie damals üblich, auf einem Hocker sitzend gebiert. Nicht weit davon entfernt befindet sich auf der westlichen Seite ein tiefes, ummauertes Wasserbecken in rechteckiger Form, das Überbleibsel des Heiligen Sees. Solch ein See, in dem die Priester mehrmals täglich die rituelle Reinigung durchführen mußten, war ein typisches Merkmal aller ägyptischen Tempel.

An der westlichen Mauer und um die nordöstliche Ecke des Hathor-Tempels herum liegen verstreut die interessantesten Ruinen, dazu gehören ein Brunnen, eine römische Badeanlage, eine koptische Kirche und zwei Mammisi, eines ptolemäisch und das andere römisch. Das römische Mammisi, das irrtümlicherweise als Typhonium bezeichnet wurde, erscheint als Abbildung 9 in diesem Buch. Man nimmt an, daß Roberts es am 20. Oktober gezeichnet oder zumindest skizziert hatte, da er es bei seinem zweiten Besuch überhaupt nicht mehr erwähnt. Die Mammisi, was wörtlich übersetzt Geburtshaus bedeutet, sind typische kleine Tempel der Spätzeit bis Römerzeit. Unter dem Vorwand, die Geburt der Götter zu ehren, wurde in Wirklichkeit die Nachkommenschaft des Pharaos verehrt: Deren Söhne, die als lebende Gottheiten angesehen wurden, durften nur innerhalb des heiligen Bezirks das Licht der Welt erblicken. Das erste Bauwerk dieser Art wurde zwischen 378 und 360 v. Chr. eben in Dendera von Nektanebos I. errichtet. Das nebenstehende dagegen wurde unter Augustus gebaut. Nachdem er sich von Henry Tattam, einem der berühmtesten Ägyptologen seiner Zeit, den er bei seiner Ankunft in Dendera kennengelernt hatte, verabschiedet hatte, beendete Roberts, zufrieden mit seiner Arbeit, den Abend des 8. Dezember und machte sich wieder auf die Reise.

Der Nil, in der Nähe der Pyramiden von Dahschur und Sakkara

Abbildung 82

9. - 20. Dezember 1838

Nach drei Tagen in Dendera war Roberts zufrieden mit seiner Arbeit und ordnete an, die Segel auf Kairo zu setzen: Nach den Tempeln des antiken Ägypten war nun der Zeitpunkt gekommen, sich mit der islamischen Architektur zu befassen.

Die Nächte waren angenehm und das Klima entsprach etwa dem in England gegen Ende September, so daß sie eine angenehme Reise erwarten konnten. In den folgenden Tagen verbrachte Roberts einen großen Teil seiner Zeit damit, die Bilder nachzuarbeiten, deren Zahl sich auf gut hundert belaufen würde: „Nicht schlecht für einen Monat Arbeit", wie er zu Recht mit Stolz feststellte, „vielleicht bin ich diesen Überresten der Antike nicht gerecht geworden, aber nur wenige Maler hätten sich unter den gleichen Umständen den Luxus eines längeren Aufenthaltes gönnen können, und ich frage mich, wie viele von ihnen in der gleichen Zeit mehr hätten schaffen können."

Am 10. legte er für einige Stunden in Abydos an, der Osiris-Kultstätte schlechthin, wo er die wenigen, damals sichtbaren Überreste der Tempel von Sethos I. und Ramses II. besuchte. 21 Jahre später wurden die Tempel von Auguste Mariette ganz ans Licht gebracht.

Bei seiner Ankunft in Sijut am 13. Dezember stellte Roberts mit Entsetzen fest, daß er die Mappe mit den Zeichnungen auf den Anhöhen von Girga vergessen hatte. Zwei Tage vorher war er dort hoch gegangen, um einige der vorher angefertigten Skizzen mit den in den Grabstätten von Girga vorhandenen Reliefs zu vergleichen. Der Zufall wollte, daß, gerade als er sich fragte, was nun am besten zu tun sei, ein Schiff unter englischer Fahne vorbeikam, das unterwegs war nach Süden mit dem Wind von achtern. Als sie von dem Zwischenfall erfuhren, bot der Eigentümer des Schiffes an, Ismail und Hassan Amoris an Bord zu nehmen, so daß sie dann in Girga versuchen könnten, die Bilder wiederzufinden. Das zermürbende Warten dauerte an bis zum 17. Dezember, als die zwei triumphierend zurückkehrten. Sie hatten die 80 Meilen Entfernung in nur 30 Stunden auf einem gemieteten Ruderboot hinter sich gebracht, indem sie fast die ganze Nacht an den Rudern verbrachten.

Wie erwacht zu neuem Leben nach dem langen, angstvollen Warten, entschied Roberts, noch in Minija Halt zu machen und den Basar zu besuchen. Das Wetter wurde jedoch immer schlechter, die Tage immer kälter, so daß er beschloß, den günstigen Wind zu nutzen, um so bald wie möglich die Endstation seiner Reise zu erreichen.

Am 20. kam das Boot dann endlich in Sichtweite der Pyramiden von Dahschur: Auf der Lithographie erkennt man links die „Knickpyramide" und die „Rote Pyramide", die beide von Snofru um 2570 v. Chr. erbaut wurden; im Hintergrund erheben sich die südlichen Pyramiden der Nekropole von Sakkara.

Im Vordergrund ist ein Boot mit einer Ladung Sklavinnen gezeichnet, deren Eigentümer – ein Grieche mit unangenehmem Gesichtsausdruck – sich daran machte, die Vorzüge der einen und der anderen in der abgenutzten Art eines Versteigerers anzupreisen. Angewidert von dieser Szene bedauerte Roberts, daß er nicht genug arabisch oder griechisch konnte, um auszudrücken, wie sehr er die Sklaverei verachtete, und wie scharf sie in England verurteilt wird.

Aus dem Tagebuch von David Roberts:

20. Dezember - Heute morgen kamen wir in Sichtweite der Pyramiden, die auch die „Falschen Pyramiden" genannt werden. Die Männer haben die ganze Zeit über gesungen, so glücklich waren sie bei dem Gedanken, noch in der kommenden Nacht nach Hause zu kommen. Ich habe mich so an ihre Gesellschaft gewöhnt, daß mich der Gedanke an die bevorstehende Trennung traurig macht. Die Reise war faszinierend und zweifellos die wichtigste meines ganzen Lebens. Ich denke, meine Bilder sind – unabhängig von ihrer künstlerischen Qualität – von großem Interesse.

IN KAIRO

21. Dezember 1838 - 6. Februar 1839

EGYPT & NUBIA.
FROM DRAWINGS MADE ON THE SPOT BY
David Roberts, R.A.
WITH HISTORICAL DESCRIPTIONS BY
WILLIAM BROCKEDON, F.R.S.
LITHOGRAPHED BY
LOUIS HAGHE.
David Roberts R.A. L. Haghe lith.

Aus dem Tagebuch von David Roberts:

24. Dezember - Das Schauspiel, das ich bei Einbruch der Nacht von der Zitadelle aus erlebte, war grandios: Der Himmel war voller Wolken, durch die sich hin und wieder die Strahlen der untergehenden Sonne drängten, in der Ferne ragten die Pyramiden, dunkel wie die Gewitterwolken, die über ihnen hingen, gegen den Horizont empor, während der Nil die letzten Lichtschimmer widerspiegelte. Die Stadt erstreckte sich soweit das Auge reichte, übersät mit Minaretten in den phantastischsten Formen. Diesen Heiligen Abend genieße ich ganz für mich allein und bin dankbar dafür, von guter Gesundheit zu sein und den schwierigsten Teil der Reise glücklich abgeschlossen zu haben.

DIE MOSCHEE VON SULTAN HASSAN

Abbildung 83

21. - 26. Dezember 1838

Als Roberts am Morgen des 21. Dezember endlich in Kairo eintraf, wartete ein Brief von Christine auf ihn, in dem sie ihm seine Ernennung als Mitglied der Royal Academy mitteilte. Am Tag darauf mietete er zu einem akzeptablen Preis ein Haus und richtete nun seinerseits ein Nachricht an die Tochter, in der er – außer ihr die üblichen väterlichen Ratschläge zu erteilen – sie über die jüngsten Abenteuer und über seine Pläne in nächster Zukunft informierte. Vor allem hatte er den Wunsch, seine schon jetzt umfangreiche Mappe mit einer umfassenden Panaromavedute der Moscheen von Kairo zu bereichern, die auf der ganzen Welt ihresgleichen suchten. Allerdings fürchtete er die mögliche Abwehr der Leute, und er war sich beinahe sicher nicht die Erlaubnis zu bekommen, einige der Moscheen zu betreten. Seine einzigen Hoffnungen lagen bei Oberst Campbell, der schon versuchte, seinen Einfluß beim Pascha geltend zu machen. Roberts verbrachte einige Tage damit, weitere Briefe in seine Heimat zu schreiben und seine neue Wohnung so angenehm wie möglich zu machen. Am 23. Dezember machte er eine erste Erkundung der Kalifengräber, und am Tag danach besuchte er die Zitadelle, damals noch die prächtige Residenz von Mehmed Ali: hier wurde ihm der Besuch des Audienzsaales und der Privatgemächer des Paschas gestattet, die er als „in modernem und ziemlich prachtvollem Stil eingerichtet“ beschrieb. Den Weihnachtstag verbrachte Roberts damit, gemächlich durch die Stadt zu bummeln: Nach einem Spaziergang durch die Straßen besuchte er die Mameluckengräber und dann das große Mausoleum, das Mehmed Ali erst kurz zuvor hatte errichten lassen. Die im Mausoleum vorhandenen Reliefs erschienen ihm allerdings im Vergleich zu den erst vor kurzer Zeit noch besichtigten Kunstwerken aus dem Altertum ziemlich grob. Zu Mittag war er bei Oberst Campbell eingeladen, dessen Gastfreundschaft wie immer umwerfend war, und auch den Abend verbrachte er auf sehr angenehme Weise. Am nächsten Morgen machte er sich schon früh wieder an die Arbeit, und wählte als erstes Motiv das einzigartige Profil der Sultan-Hassan-Moschee von dem großen Platz vor dem Gebäude aus gesehen. Während Roberts in seine Arbeit vertieft war, hatte der Wächter, der ihm vom Pascha zur Verfügung gestellt worden war, einiges damit zu tun, ihm Neugierige vom Leibe zu halten. Die Moschee gilt als eines der größten Werke islamischer Kunst: Sultan Hassan el-Nasir ließ sie in den Jahren zwischen 1356 und 1363 errichten, vielleicht von einem syrischen Architekten. Die Fassade, gegliedert durch eine Doppelreihe von Fenstern, wird gekrönt von einem weit ausladenden Stalaktitengesims, Muqarnas genannt, der zu Beginn dieses Jahrhunderts durch einen Zinnenkranz vervollständigt wurde. Über dem Mausoleum des Sultans, das wie ein Würfel aus dem Gebäude heraustritt, erhebt sich eine 60 Meter hohe Kuppel, die im 18. Jh. in einem von türkischer Kunst beeinflußtem Stil neu erbaut worden ist. Das Hauptminarett ist mit seinen 81 Metern das höchste von ganz Kairo.

Das Siegestor

Abbildung 84

27. Dezember 1838

Am Morgen des 27. fertigte Roberts ein Bild des Bab el-Nasr, des Siegestores, an, einem der drei von der alten Stadtmauer Kairos übriggebliebenen Tore, das zwischen 1087 und 1091 von dem Wesir Badr el-Jamali erbaut wurde. Die mächtige Baustruktur ist von zwei massiven Türmen umschlossen, deren Proportionen eindeutig an altrömische Feldarchitektur erinnern. Im Hintergrund, dicht bei dem Bab el-Futuh, oder Eroberungstor, ragt das Minarett der Moschee heraus, die zwischen 990 und 1013 von dem geheimnisvollen und sonderbaren Kalifen El-Hakim Bi Amrallah erbaut wurde.
Am Nachmittag begab sich Roberts zum Hill's Hotel – wo er im September gewohnt hatte – um dort Neuigkeiten aus England zu erfahren, und um einige Worte mit Reisenden zu wechseln, die erst vor kurzem aus Europa gekommen waren. Später erhielt er von Oberst Campbell den kostbaren Passierschein, der ihm auf seiner bevorstehenden Reise in das Heilige Land den Weg freimachen sollte. Kurz nach seiner Ankunft in Kairo hatte Roberts die Bekanntschaft mit zwei englischen Gentlemen gemacht, John Pell und John Kinnear. Ihr Ziel war es, die Halbinsel Sinai und Palästina zu durchqueren, um dann bis nach Syrien vorzudringen. Die beiden luden ihn ein, sich ihrer Expedition anzuschließen, und Roberts nahm diesen Vorschlag gerne an, auch weil ihn die Aussicht reizte, das berühmte Katharinenkloster zu sehen. Und so begann er alsbald mit den umfassenden Vorbereitungen für die Reise, die sich sogar als noch schwieriger zu gestalten schien als die gerade beendete.

DIE MOSCHEE EL-RHAMREE

Abbildung 85

27. Dezember 1838

In der Nähe des Siegestores stand die Moschee von El-Rhamree, deren anmutiges rot-weiß gestreiftes Mauerwerk auf die mameluckische Herrschaft hindeutete. Dies bedeutete, daß sie in den Jahren zwischen 1250 und der Eingliederung Ägyptens in das osmanische Reich im Jahr 1517 entstanden sein mußte.

Die Mamelucken – arabisch Mamluk – waren ursprünglich gekaufte Sklaven türkischer und tscherkessischer Abstammung, die militärisch geschult worden waren, um Leibwachen oder Elitesoldaten zu werden; nachdem sie immer mächtiger geworden waren, verdrängten sie in einem Handstreich die aijubidische Dynastie. Die von ihnen auferlegte militärische Feudalherrschaft hatte nicht selten blutige Folgen, aber für Ägypten war dies eine Zeit wirtschaftlicher, politischer und künstlerischer Blüte. Zu verdanken war dies vor allem so zielstrebigen Persönlichkeiten von Sultanen wie Baibars, Hassan und Kalaun. Der letzte Mameluckenherrscher, Tuman Bey, wurde von den osmanischen Eroberern entthront, dennoch konnten die Mamelucken einen großen Teil ihrer Macht aufrechterhalten, wodurch es häufig zu einem offenen Konflikt mit den Paschas in Konstantinopel kam. Während der Ägyptischen Expedition Napoleons leisteten sie erbitterten Widerstand gegen die französischen Truppen, wurden aber in der Schlacht bei den Pyramiden geschlagen. Da die Mamelucken ein Hindernis im Machtbestreben Mehmed Alis darstellten, ließ er ihre Führer meuchlings massakrieren.

In der mameluckischen Architektur erfuhren die Ausschmückungen der Türen und der Minarette, deren Balkone meist von unzähligen Stalaktitengesimsen gestützt sind, eine besondere Betonung. Die Türen sind mit fein gearbeiteten Schnitzereien und Intarsien verziert, die unter Beachtung der Koranvorschriften Blumenmuster oder geometrische Figuren zeigen, da die Abbildung von Menschen oder Tieren nicht erlaubt war.

Die Kuppeln, über denen sich das allen islamischen Kunststilen gemeinsame Alam, der halbmondförmige Metallschmuck, befindet, sind im allgemeinen so schlank, daß sie beinahe transparent wirken. Obwohl diesem Gebäude nur eine eingeschränkte Bedeutung zukommt, mußte Roberts diese Moschee wohl besonders geschätzt haben, denn sowohl in der Lithographie als auch in dem, im Museum von Nottingham ausgestellten Aquarell kommt deutlich die Eindringlichkeit zum Ausdruck, mit der er den Gegensatz zwischen der Dunkelheit der Gasse, in der kaum etwas deutlich auszumachen ist, und der luftigen Silhouette des Minaretts abbildet.

David Roberts R.A.

Das Tor Bab Suweila, von aussen gesehen

Abbildung 86

28. Dezember 1838

Roberts war zu einem großen Teil des 28. damit beschäftigt, das etwa im Jahr 1091 fertiggestellte Tor Bab Suweila zu malen, eines der drei großen Tore, die sich heute noch in den Mauerresten der alten Fatimidenstadt befinden. Es besteht aus zwei mächtigen, halbrunden Türmen, die das Portal einfassen. Die großen mehrlappigen Blendarkaden, die deren Seiten verzieren, waren ein charakteristisches Element der nordafrikanischen Architektur. Eingeführt hatten diese Bauart die den fatimidischen Eroberern nach Ägypten gefolgten Kunsthandwerker. Die Fatimiden, die das Land von 969 bis 1171 beherrschten, stammten aus dem heutigen Tunesien, sie leiteten ihren Ursprung und somit den Namen ihres Stammes von Fatima, der Tochter Mohammeds, ab. Trotz dieser Verzierungselemente weist das Tor – wie auch das Bab el-Nasr und das Bab el Futuh – auf eine deutliche Abhängigkeit vom römisch-byzantinischen Baustil hin. Die Loggia über dem Portal war früher für das Festorchester vorgesehen, dessen Aufgabe es war, nach einem im Orient ziemlich verbreiteten Protokoll den Durchgang des königlichen Zuges mit Musik zu begleiten. Roberts sah die Loggia nur zugemauert, sie wurde aber vor kurzem wieder geöffnet. Das Tor verdankt seinen Namen einem tapferen nordafrikanischen Stamm, dessen Männer zum fatimidischen Heer gehörten.

David Roberts, R.A. L. Haghe. lith.
Gate of the Metwaleys — Cairo.

Das Bab Suweila, von innen

Abbildung 87

28. Dezember 1838

Auf den zwei mächtigen Türmen des Tores Bab Suweila erheben sich die schlanken Minarette der Muaijad-Moschee, eine der prächtigsten aus der Zeit der tscherkessischen Mamelucken. Im Jahr 1416 wurde der Bau der Moschee, die auch El-Ahmar, oder die Rote, genannt wird, unter dem Sultan el-Muaijad begonnen, vollendet wurde sie erst ein Jahr nach seinem Tod, 1421. Als dem Tor nicht mehr in erster Linie Verteidigungsaufgaben zufielen, wurde es für lange Zeit als Gefängnis benutzt, und ganz in seiner Nähe wurden auch die Todesstrafen vollstreckt. Die daran angebaute Moschee ist das Ergebnis eines politischen Kuriosums, denn el-Muaijad hatte ein Gelübde abgelegt, daß er genau auf der Stelle des Gefängnisses ein Sanktuarium errichten würde, in dem er nach einer Palastrevolte gefangengehalten worden war, ein Vorfall, der damals alles andere als selten war. Als er seine Macht wieder zurückerobert hatte, löste er das Versprechen ein.

Das Bronzetor am Eingang stammt aus der Moschee des Sultans Hassan und gilt als das schönste von ganz Kairo; das Innere der Moschee, in dem sich viele mehrfarbige Marmorwerke, Stuckarbeiten und Vergoldungen befinden, weist eine außergewöhnliche, aber nicht maßlose Pracht auf.

Die Lithographie zeigt einen Abschnitt der Straße, die vom Tor aus in das Stadtzentrum führt: Die auf beiden Seiten mit Geschäften jeder Art gesäumte Straße, auf der der Verkehr nicht abriß, war Schauplatz eines unaussprechlichen Gedränges. Roberts, der fast in der Menschenflut unterging, mußte sich, so gut es eben ging behelfen, wie er es nun schon seit den ersten Tagen in der Stadt klaglos getan hatte. Die Straßen von Kairo waren zwar sehr malerisch, aber eng und überfüllt wie sie waren, stellten sie ein ziemlich schwieriges Motiv dar, auch weil man immer Gefahr lief, von überladenen Kamelen zerquetscht zu werden, deren Treiber noch dazu die schlechte Angewohnheit hatten, ohne jegliche Rücksicht auf die Menschen nach rechts und nach links Hiebe auszuteilen.

Auch heute sind die Straßen rund um das Bab Suweila sehr belebt und strahlen immer noch eine Atmosphäre vergangener Zeit aus, vor allem, weil sich dort viele Kunsthandwerkstätten befinden, die auf die Herstellung der großen Tücher spezialisiert sind, die bei hohen Festlichkeiten hoch über die Straßen gehalten werden.

Aus dem Tagebuch von David Roberts:

28. Dezember - Heute habe ich zwei Bilder vom Tor Bab Suweila mit seinen Minaretten gemalt.

Ich bin nach wie vor überwältigt von dem ausgesprochen farbenfrohen, malerischen Bild der Straßen und auch von den Bauwerken dieser wunderbarsten aller Städte. Einzig die Bevölkerung ist noch außergewöhnlicher, aber sie zu beschreiben wäre zwecklos, daher versuche ich es erst gar nicht.

Das Maristan des Sultan Kalaun

Abbildung 88

29. Dezember 1838

Aus dem Tagebuch von David Roberts:
29. Dezember - Die Motive sind hervorragend, aber es ist extrem schwierig in diesen engen und so überfüllten Gassen zu arbeiten, auch wenn die Passanten sich mir gegenüber im allgemeinen ausgesprochen freundlich verhalten.

Dieses Bild der Straße, die zur Moschee des Sultans Kalaun führte, führt einem den chaotischen Verkehr vor Augen, der eines der hervorstechendsten Merkmale der Stadt war. Für einen europäisch gekleideten Künstler war es schlichtweg unmöglich, sich unbeachtet zu bewegen, und manches mal gesellte sich zum Unbehagen auch ein leichter Anflug von Angst, obwohl Roberts von ernsten Zwischenfällen verschont blieb. Im Gegenteil, sein Aussehen machte die Leute neugierig, sie verhielten sich eher liebenswürdig ihm gegenüber, erschrocken waren sie nur über seine Ausrüstung an Stiften, Papier und Farben.
Nichtsdestotrotz mußte Roberts in einem Brief an seinen Freund David Hay zugeben, daß es ihm manchmal schwer fiel, seiner Aufregung Herr zu werden. Im übrigen hatte Kairo damals etwa 300 000 Einwohner, etwa sechsmal so viel wie Edinburgh, und man konnte wohl kaum erwarten, ohne Zwischenfälle durch die Stadt zu spazieren und ungestört malen zu können, so als sei man im Park eines schottischen Schlosses.
Die im Jahr 1285 von dem Sultan El-Mansur Kalaun errichtete Moschee, zu der eine Medrese (islamische Hochschule), das Mausoleum des Sultans und ein Krankenhaus gehörten, ist eines der großartigsten Bauwerke der Stadt. Das interessanteste und unter vielen Gesichtspunkten innovative Element dieses Stiftungskomplexes, der auch die von dem Sohn des Sultans am Ende des 13. Jh. errichtete Medrese umfaßt, ist sicherlich das Krankenhaus. Es war zwar nicht das erste in Kairo, denn schon im 9. Jh. hatte Ibn Tulun eine ähnliche wohltätige Einrichtung gegründet, die später von den fatimidischen Sultanen und sogar von Saladin nachgeahmt wurde, aber das Hospital von Kalaun ist bei weitem das bekannteste, denn es hat seine Funktion als Krankenhaus und medizinische Forschungsstätte bis ins 19. Jh. beibehalten.
Der Sultan ließ das Maristan, was soviel wie „Ort der Krankheit" bedeutet, auf der Grundlage eigener Erfahrung bauen, denn Jahre zuvor war er selber im Krankenhaus von Nur al-Din, in Damaskus, geheilt worden. Das Maristan war zweifelsfrei in seiner Zeit eine führende Institution, wie überhaupt die ganze arabische Medizinwissenschaft, die auch in Europa noch zu Beginn des letzten Jahrhunderts gelehrt wurde.
Das Krankenhaus war in zwei Bereiche geteilt, einer für Männer, einer für Frauen, und nahm Bedürftige unabhängig von ihrem Alter und ihrer sozialen Hintergründe aus der gesamten arabischen Welt auf; jedem wurde ein Bett, Verpflegung und angemessene Pflege zugesichert.

Die Mameluckengräber

Abbildung 89

30. Dezember 1838

Im Gegensatz zu den Pharaonen, die ihre Nekropolen am westlichen Ufer des Nils anlegten, ließen die Mamelucken ihre Grabstätten im Osten errichten, nicht weit von der Zitadelle entfernt. Roberts besuchte sie am 30. Dezember, einem schönen, klaren aber sehr kalten Tag. Auf der weiten Ebene sah man unzählige Minarette und Kuppeln in den unterschiedlichsten Formen, die schon damals in baufälligem Zustand waren. In diesen monumentalen Bauwerken befanden sich die Grabstätten der Sultane, der Prinzessinnen und der Würdenträger des Hofes, die zwischen dem 13. und dem 15. Jahrhundert, in der blühenden Epoche der bahritischen und tscherkessischen Mamelucken, gelebt hatten.

Rings um die größten Bauwerke herum entstanden im Laufe der Zeit auch viele kleinere Grabstätten. Da es üblich war, sich freitags zu den Grabstätten zu begeben, um die Verstorbenen zu ehren, ließen sich die Wohlhabenderen geschlossene Höfe und überdeckte Räume anbauen, in denen sich die Besucher aufhalten konnten. So bekamen die Friedhöfe immer mehr das Aussehen richtiger Städte.

Heute sind die außerhalb der fatimidischen Stadtmauer liegenden großen Totenstädte von etwa 600 000 Kairoern bewohnt. Die sich rasch ausbreitende ägyptische Hauptstadt, die in den letzten Jahrzehnten unverhältnismäßig angewachsen ist, beherbergt um die 15 Millionen Einwohner, von denen viele in unvorstellbaren Wohnsituationen leben. Daher kann man sich schon vorstellen, daß viele von ihnen die fast übernatürliche Stille der Totenstädte dem Chaos der neuentstandenen Siedlungen oder den verfallenden Barackenvierteln vorgezogen haben.

Die Mameluckengräber, mit einem Trauerzug

Abbildung 90

30. Dezember 1838

Das von Roberts hier wiedergegebene Bauwerk, das auf dem Friedhof südlich der Zitadelle steht, ist bekannt unter dem Namen Mausoleum des Sultans. Dies deutet eigentlich nur darauf hin, daß es einer hochrangigen Persönlichkeit gehörte, denn genau zugeordnet worden ist das rätselhafte Monument, das ungefähr aus dem Jahr 1360 stammt, bisher noch nicht.

Über dem Hauptteil des Gebäudes, der einen rechteckigen Grundriß aufweist, befinden sich zwei doppelt kannelierte Kuppeln, die auf sehr hohen Tambouren aufsitzen und durch einen tonnengewölbten Iwan verbunden sind; wenige Meter davon entfernt erhebt sich ein schlankes oktogonales Minarett, das wahrscheinlich Teil der Anlage war, da es in einer Ecke der mittlerweile zerstörten Umfassungsmauer stand. Die Bauweise des Mausoleums ist in vieler Hinsicht untypisch und weist bis dahin noch nicht dagewesene Übereinstimmungen mit der mittelasiatischen Architektur von Samarkand auf.

Das links vom Gebäude stehende Minarett gehört zur Grabanlage des Emirs Kausun, wohingegen das sich im Hintergrund abzeichnende Minarett aus osmanischer Zeit stammt.

Während Roberts mit seiner Zeichnung beschäftigt war, hörte er auf einmal laute Schreie und Klagelaute. Kurze Zeit später sah er, wie sich ein Trauerzug näherte, gefolgt von einigen verschleierten Frauen, die verzweifelt weinten: Von der Größe des Sarges her zu urteilen mußte es sich um die Beerdigung eines Kindes handeln. Der Maler war aufrichtig betroffen von dieser Schmerzensbezeigung und fügte die Szene in sein Bild ein.

Der Basar der Kesselschmiede

Abbildung 91

31. Dezember 1838

Die Basare Kairos waren ein zu reizvolles Motiv, als daß Roberts ihnen hätte widerstehen können, und so machte er sich am letzten Tag des Jahres auf, um den großen Markt zu besuchen, den er auf diesem wunderbaren Bild wiedergibt.
Der Basar mit seiner Vielfalt an Farben und Käufergrüppchen, die sich bei diesem oder jenem Händler aufhielten um die Ware zu begutachten oder sich in eifrige Verhandlungen über Preise vertieften, waren für europäische Augen ein aufregendes und völlig ungewöhnliches Schauspiel. Dort wo einst die alte Fatimidenstadt stand, waren die Straßen nun überfüllt mit Gegenständen jeder Art. Die Hersteller von Waagen machten den Stoffverkäufern den sowieso schon geringen Platz streitig, deren kleine Läden über und über mit Stoffballen von Seide und Baumwolle in den lebhaftesten Farben vollgestopft waren. Nicht weit davon entfernt war eine kleine Goldschmiede, wo man ein Schmuckstück schätzen lassen oder aber den Preis für irgendeine Kleinigkeit aushandeln konnte.
Jedes Viertel hatte seine besonderen Waren anzubieten, wurden hier Essenzen, Parfums und kaum anderes als Gewürze und Tee angeboten, so fand man nach der nächsten Ecke Teppiche und Kurzwaren. In der Nähe der alten, in das Jahr 1243 zurückgehenden Medrese des Sultans Negm el-Din el-Salih-Aijub, boten die Kupfer- und Kesselschmiede ihre getriebenen Teller, Schüsseln und Kessel feil.
Mitten in diesem Wirrwarr mußte man ständig auf der Hut sein, und den mit Früchten beladenen Wagen oder den, unter ihrer schweren Last auf den Schultern schwankenden, Süßwasserverkäufern ausweichen. Heute wie damals halten die Kunsthandwerker und Händler in den Vierteln zwischen der Zitadelle und des Bab el-Futuh mit ihrem Angebot an den verschiedensten Waren eine Tradition aufrecht, die ewig Bestand zu haben scheint.
Roberts' Arbeit im Basarviertel hatte keinerlei Probleme mit sich gebracht, ganz anders war dies aber auf einem Markt in einem der ärmeren Viertel Kairos. Während er unter gewissen Schwierigkeiten inmitten einer neugierigen Menschenmenge zeichnete, die ihn ständig unterbrach, wenn nicht sogar anstieß, weil sie ihm zu nahe kamen, wurde ihm plötzlich der Zeichenblock von einem aus dem Nichts aufgetauchten Geschoß aus der Hand gerissen. Es handelte sich um eine halb aufgegessene Orange, die von einem der auf den Platz zeigenden Balkone aus geworfen worden sein mußte, die „extra zu diesem Zweck geplant gewesen sein müssen". Roberts hielt eine Luftveränderung für gesünder, aber verärgert und vielleicht auch ein bißchen beschämt wegen dieses ruhmlosen Rückzuges fragte er sich, ob ein arabischer Künstler sich genauso schnell aus dem Staub gemacht hätte wie er. Es wurde nun wirklich Zeit, den Umständen angemessenere Kleidung zu tragen.

Aus dem Tagebuch von David Roberts:
31. Dezember - Heute ist Silvester, aber wie sehr unterscheidet sich dieser Tag hier von denen in London. Die Tage sind so hell und ich kann frisches Gemüse in Hülle und Fülle essen. Mir geht es gesundheitlich ausgesprochen gut, und ich lebe in einer Stadt, die die Phantasie eines jeden Künstlers übersteigt. Heute erhielt ich einen Brief von meiner lieben Tochter Christine: Gott sei Dank geht es zu Hause allen gut... Dies ist die letzte Nacht des alten Jahrs und meine Gedanken schweifen zurück zu all den bisher erlebten glücklichen Jahreswechseln. Von Herzen schicke ich meine aufrichtigsten Glückwünsche für das Neue Jahr an alle meine Freunde und Angehörigen im geliebten Schottland.

David Roberts R.A.
L. Haghe lith.

DAS HAUPTPORTAL DER SULTAN-HASSAN-MOSCHEE

Abbildung 92

1. Januar 1839

Am ersten Tag des neuen Jahres war Roberts wie immer unterwegs auf den Straßen Kairos auf der Suche nach den besten Motiven. Mitten in diesem Gedränge war es sehr ermüdend zu malen, so daß er abends völlig erschlagen nach Hause kam. In sein Tagebuch schrieb er, daß sich in England niemand beim Anschauen der Skizzen, auch nur im entferntesten vorstellen könne, wieviel Mühe dahinter gesteckt habe. Jedenfalls würde seine Arbeit die Kenntnisse über die verschiedenen architektonischen Stilrichtungen erweitern, die sich im Laufe der Jahrhunderte entwickelt hatten, und das allein rechtfertigte schon jede Mühe.

An diesem Tag war Roberts damit beschäftigt, den wunderbaren Eingang der Sultan-Hassan-Moschee zu zeichnen, die von vielen als die schönste von ganz Kairo angesehen wird, obwohl sie niemals fertiggestellt wurde.

Der große Komplex war als Medrese für die vier orthodoxen Rechtsschulen des sunnitischen Islam geplant worden – die Malikiten, die Schafiiten, die Hanbaliten und die Hanafiten – und gleichzeitig auch als vereinigende Moschee für das Freitagsgebet.

Die Medresen waren in der islamischen Welt Einrichtungen, in denen die Studenten kostenlos Aufnahme fanden zum Studium der Rechtsreligion, der Theologie, der Grammatik, Literatur und Rhetorik. Entstanden waren diese Schulen etwa um die Mitte des 11. Jh. mit dem Ziel, die sunnitische Orthodoxie gegenüber der schiitischen Lehre durchzusetzen.

Heute werden die Medresen weit weniger besucht als früher, aber sie vereinigen immer noch die Funktionen als Moschee und theologische Lehranstalt in sich. Sultan Hassan ließ dieses großartige Bauwerk in einer der privilegiertesten Lagen Kairos errichten und verschwendete dafür enorme Geldmittel: Die ständig steigenden Kosten erdrückten ihn jedoch, und er gab zu, daß er das Vorhaben aufgegeben hätte, wenn er sich nicht bei dem Gedanken geschämt hätte, daß ein ägyptischer Sultan nicht in der Lage sein sollte, die einmal begonnene Moschee fertigzustellen. Sein Tod infolge einer Verschwörung am Hofe vereitelte zum Teil sein ehrgeiziges Projekt.

Der Schreiber

Abbildung 93

2. - 5. Januar 1839

Am 2. Januar bekam Roberts Besuch vom Vizekonsul Walne, der ihn darüber aufklärte, welche Voraussetzungen er erfüllen mußte, um die Erlaubnis zu bekommen, das Innere einer Moschee zu betreten. Als erstes brauchte er angemessene Kleidung, und zweitens mußte er sich die auffälligen Koteletten abschneiden lassen. Während die Idee, sich wie ein Türke zu verkleiden, noch ganz reizvoll war, fand er die Tatsache, daß er sich von seinem mit Stolz getragenen Backenbart trennen sollte, weniger erheiternd, aber er machte gute Miene zum bösen Spiel. Im übrigen war er der erste Europäer, dem diese Gelegenheit geboten wurde, und „es hatte doch keinen Sinn, sich in solchen Kleinigkeiten zu verlieren". Schließlich mußte er noch versichern, keine Pinsel mit Schweineborsten zu benutzen, Schweine gelten in der islamischen Welt als höchst unreine Tiere.

Noch am gleichen Tag kümmerte er sich um die Einkäufe, obwohl er sich nicht so ganz in Form fühlte. Während er durch die verschlungenen Gassen streifte, entdeckte er immer wieder etwas Neues und Interessantes: einzigartige Überbleibsel aus einer legendären Vergangenheit, außergewöhnliche Leute und Gebräuche, ein unbeschreibliches Spiel aus Licht und Farben. Kairo schien ihm ohnegleichen auf der Welt zu sein, so fasziniert war er von der Stadt. Der einzige Schönheitsfehler war die augenscheinliche Armut, unter der ein großer Teil der Bevölkerung litt, was ihn nicht unbeeindruckt ließ. Unter den vielen Szenen des Alltags berührte ihn besonders der Anblick einer jungen Frau – offensichtlich eine Analphabetin –, die mit kummervollem Gesichtsausdruck einem öffentlichem Schreiber einen Brief diktierte: In dieser Lithographie scheint das menschliche Mitgefühl durch, was Roberts für diese armen Leute empfand.

Nachdem er in seine Wohnung zurückgekehrt war und die neuen Kleider angezogen hatte, war er mit dem Ergebnis ganz zufrieden: Mit der mittlerweile gut gebräunten Haut und den dunklen Augen hätte er auch gut „als Türke durchgehen können".

Den Kopf hatte er sich zwar nicht glattscheren lassen, aber seine Haare waren gut unter dem Turban verborgen, und um das Werk komplett zu machen, wollte er sich den Schnurrbart nach der hier gängigen Mode wachsen lassen. Trotz seines Enthusiasmus mußte er aber das lang erwartete Erlebnis um einige Tage verschieben, denn wegen einer lästigen Magen-Darm-Verstimmung mußte er bis zum 5. Januar das Bett hüten, erst dann konnte er einen Spaziergang in die Stadt wagen, um wieder zu Kräften zu kommen.

Aus dem Tagebuch von David Roberts:

4. Januar - Nachdem Oberst Campbell durch meinen Diener von meinem Unwohlsein erfahren hatte, kam er mich besuchen und bereitete mir eine wirklich angenehme Stunde. Später habe ich einen langen Brief an meinen Freund Hay geschrieben und den Rest des Tages nutzbringend mit der Fertigstellung der in den letzten Tagen gemalten Bilder verbracht.

David Roberts R.A.
L. Haghe Lith.
The Letter Writer. Cairo.

Der Basar der Seidenverkäufer und der Stiftungskomplex des Sultans El-Ghuri

Abbildung 94

6. Januar 1839

Nachdem Roberts wieder vollständig genesen war, ging er am 6. Januar, endlich als Türke verkleidet, auf die Straße, bereit, sich so viele Moscheen wie möglich von innen anzusehen. Unter anderem begab er sich, begleitet von zwei bewaffneten Wächtern, zur El-Ashar-Moschee, dem bedeutendsten Baudenkmal Kairos aus der Fatimidenzeit. Sie wurde 972 von dem Wesir Gohar erbaut und schon damals zum Teil als theologische Lehranstalt verwendet. Nach dem Erdbeben im Jahr 1303 wurde sie mit noch imposanteren Formen wieder erneuert. Während der osmanischen Herrschaft, als die mameluckischen Medresen an Bedeutung verloren hatten, wurde El-Ashar das Zentrum der islamischen Lehre in Ägypten. Noch heute ist die El-Ashar-Universität die berühmteste islamische Bildungsstätte der arabischen Welt. Obwohl ihr Name „die Blühende" bedeutet, fand Roberts, daß sie leider in einem sehr verfallenen Zustand war, so daß er sie nicht einmal malte. Einen besseren Eindruck bekam er von der Saijidna-el-Hussein-Moschee, die im Jahr 1792 an der Stelle einer viel älteren Kultstätte wiederaufgebaut wurde: Hier war das Haupt von Hussein, dem Enkel Mohammeds, begraben, der 680 in der Schlacht bei Kerbela gefallen war, daher gilt das Sanktuarium auch heute noch als eine der heiligsten Stätten, die während des Fastenmonats Ramadan festlich ausgeschmückt wird. Am gleichen Tag betrat er auch die Grabmoschee des Kaït Bei aus dem Jahr 1474, wo ihm eine bis ins kleinste Detail ausgearbeitete Abschrift des Koran gezeigt wurde. Bei seinem Besuch im Basarviertel hatte ihn besonders ein zwischen zwei religiösen Bauten liegender Straßenabschnitt beeindruckt, der überdacht war von einem hölzernen Tafelwerk, das den Seidenhändlern Schutz bieten sollte – dorthin wollte er noch einmal zurückkehren. Mit Ausnahme der Überdachung ist dieser Teil der Stadt fast unverändert geblieben. Tatsächlich stehen sich auch heute noch in der Straße El-Muizz die um 1504 erbaute Medrese und das Mausoleum des Sultans el-Ghuri gegenüber.

Beide Bauwerke weisen an der Vorderseite ein dreilappiges Stalaktitenportal und rot-, weiß- und schwarzgestreiftes Mauerwerk auf. Entlang der Straßen florieren noch die auf öffentlichem Boden zahlreichen Läden und Kioske, deren Mieteinnahmen der Erhaltung des Komplexes zufließen.

David Roberts R.A.
L. Haghe lith
Bazaar of the Silk Mercers, Cairo

Aus dem Tagebuch von David Roberts:
6. Januar - Ich bekomme eine Gänsehaut, wenn ich daran denke, was für eine schreckliche Strafe mir für mein unbeabsichtigtes Vergehen auferlegt worden wäre, hätte man erfahren, daß das Heilige Tuch durch die Berührung eines Ungläubigen verunreinigt worden war, und hätte man mich festgenommen.

Das Innere der Sultan-El-Ghuri-Moschee

Abbildung 95

6. Januar 1839

Roberts durfte auch das Innere der reich mit polychromen Marmorarbeiten ausgeschmückten Sultan-El-Ghuri-Moschee besichtigen und zeichnen. Diese Lithographie ist von besonderem Interesse, zeigt sie doch das Aussehen einer auf dem kreuzförmigen Grundrißmodell gebauten Moschee; nach dem gleichen Grundriß ließ auch Sultan Hassan sein Meisterwerk erbauen. Sehr vereinfacht ausgedrückt erreicht man durch ein mehr oder weniger ausgeschmücktes Atrium einen quadratischen, überdachten Hof, in dessen Mitte sich ein Reinigungsbrunnen befinden kann; um diesen Hof herum sind vier Gebetshallen, die Iwane, angeordnet, die von einem Gewölbe oder Kassettendecken überdeckt sind. Der Hauptiwan, an dessen Rückseite sich das Mihrab, die Gebetsnische öffnet, ist größer im Verhältnis zu den übrigen.

Dieser kreuzförmige Grundriß ist typisch für die ab dem 13. Jh. entstandenen Medresen-Moscheen, in denen die für das Studium und die Unterkunft vorgesehenen Räumlichkeiten in der Regel in den Ecken liegen, die sich zwischen den einzelnen Iwanen bilden, so daß sich insgesamt ein Quadrat ergibt. Die Beleuchtung erfolgte durch eine Vielzahl von Öllampen und großen Kronleuchtern aus Bronze, wie der, den Roberts hier gemalt hat. Die wenigen bis heute erhalten gebliebenen Kronleuchter befinden sich jetzt im Kairoer Museum für Islamische Kunst.

Herausgeputzt wie ein hochrangiger Angehöriger des Militärs ging der Künstler zur Moschee. Er wurde von zwei Wächtern begleitet, die draußen vor dem Eingang auf ihn warteten, und von einem jungen Offizier des Paschas, der in England erzogen worden war. Dessen Reaktionsfähigkeit erwies sich als äußerst nützlich, als Roberts sich in eine Situation hineinmanövriert hatte, die ihn teuer hätte zu stehen kommen können. Der Zugang zu einer Moschee war nämlich für Nicht-Moslems strengstens untersagt und mit schweren Strafen belegt. Mehmed Ali hatte Roberts dieses Zugeständnis gemacht unter der Voraussetzung, daß er sich verkleidete und alles vermied, was ihn als Christ erkennbar machen würde. Angetrieben durch seine unersättliche Neugier hatte Roberts aber einen Raum betreten, in dem mehrere Personen an einem großen, mit wunderbaren Goldstickereien verzierten Seidentuch arbeiteten. Er kniete nieder, genau wie er es bei den Anwesenden gesehen hatte, aber nicht, um den Stoff zu küssen, sondern um ihn aus der Nähe zu betrachten. Die plötzliche, bedrohliche Stille reichte aus, um ihm begreiflich zu machen, daß er irgendetwas Furchtbares angerichtet hatte: Als er aufblickte, sah er den jungen Begleiter seinen Finger an die Lippen und dann quer vor den Hals legen. Geistesgegenwärtig warf er sich nochmals zu Boden und begann dann zurückzuweichen, während der Offizier ihm den Rückzug deckte. Als er aus der Moschee heraus war, suchte er sein Heil in der Flucht und rannte, bis er einige Viertel weiter weg war. Später wurde ihm erklärt, daß dies das Heilige Tuch gewesen sei, das von den Pilgern erstellt wurde, um es auf dem Grab des Propheten in Medina abzulegen.

The Entrance to the Citadel of Cairo.

Das Tor der Zitadelle

Abbildung 96

7. - 8. Januar 1839

Den 7. Januar nutzte Roberts für einen Ausflug auf die Mokattam-Höhen, wo er den berühmten Versteinerten Wald anschaute. Am darauffolgenden Tag wurde seine Aufmerksamkeit gefangengenommen von den eifrigen Vorbereitungen auf dem Midan Salah el-Din, dem großen langgestreckten Platz vor dem Hauptaufgang zur Zitadelle, dem Bab el-Asab. Hier sammelten sich früher die nach Mekka ziehenden Karawanen, und die Pilger waren aus allen Teilen der Stadt und der Umgebung gekommen. Eines der Kamele würde das kostbare Tuch nach Medina tragen, das dort auf dem Grab des Propheten abgelegt werden würde. Soweit das Auge reichte, waren die Fenster und sogar die Dächer der Häuser voll von Schaulustigen, vor allem Frauen und Kinder, die aufgeregt dieses Schauspiel verfolgten. Heute hat der große Midan Salah el-Din seine ursprüngliche Funktion als Sammelplatz für die Mekka-Karawanen verloren, aber er ist immer noch einer der Knotenpunkte der großen Metropole. Unter anderem zeigt das Bild auch die Moschee des Paschas Mahmud und die angrenzende Medrese Qani bey Amir Akor, die in der Lithographie rechts vom Eingangstor zu sehen sind. Auf dem Platz gegenüber vom Bab el-Asab steht dagegen die große Sultan-Hassan-Moschee und davon wiederum gegenüber die El-Rifai-Moschee, die 1912 auf Wunsch der Prinzessin Khoshiar Hanem fertiggestellt wurde. In dieser Moschee befinden sich die Grabstätten von König Faruk, dem letzten Souverän Ägyptens, und die des Schahs von Persien, Resa Pahlewi.

The Citadel of Cairo,
David Roberts, R.A.

Der Aufbruch der Pilger nach Mekka

Abbildung 97

8. Januar 1838

Roberts malte auch den Aufbruch der nach Medina und Mekka ziehenden Karawane. In der Lithographie ziehen die Pilger aus der Stadt in Richtung Suez; im Hintergrund zeichnet sich die mächtige Mauer der Zitadelle ab. Diese beeindruckende Festung am Fuße der Mokattam-Berge oberhalb der Stadt wurde 1176 von Saladin erbaut, wobei angeblich Steine der kleineren Pyramiden von Giseh als Baumaterial verwendet wurden. Der Bau wurde im Laufe der Jahrhunderte mehrfach vergrößert; innerhalb der mächtigen Umfassungsmauer ließ Mehmed Ali eine prächtige Residenz errichten, die heute ein Museum ist. Derselbe König begann 1824 mit dem Bau einer großen Moschee in osmanischem Stil. Erst 1857 wurde diese, auch unter dem Namen Alabastermoschee bekannte Moschee von seinem Sohn Said fertiggestellt, so daß Roberts sie bei seinem Besuch noch sehr unfertig sah. Es heißt, Mehmed Ali habe diese Moschee bauen wollen, um seine von einem furchtbaren Verbrechen gepeinigte Seele zu erlösen. Mehmed Ali war albanischer Abstammung, aber in Griechenland geboren, zusammen mit den türkischen Truppen kam er nach Ägypten, um das Land von der napoleonischen Besetzung zu befreien. Im Jahr 1805 rief er sich in seinem grenzenlosen Ehrgeiz zum Pascha aus, und lud 1811 die Mameluckenführer, die auf seinem politischen Weg ein Hindernis darstellten, unter einem Vorwand in die Zitadelle ein, um sie dann hinterrücks niedermetzeln zu lassen.

Aus dem Tagebuch von David Roberts:

8. Januar - Heute habe ich einige Skizzen von der Zeremonie des Aufbruchs der Karawane gemacht, die das Heilige Tuch zur Grabstätte des Propheten bringen wird. Am Abend habe ich mit einigen Freunden nach den hier gebräuchlichen Sitten gegessen, das heißt, daß man auf Kissen rund um einen sehr niedrigen Tisch sitzt und mit den Fingern das in kleine Stücke geschnittene Fleisch ißt.

DAS INNERE DER SULTAN-EL-MUAIJAD-MOSCHEE

Abbildung 98

9. Januar 1839

Der von dem Sultan Muaijad errichtete Komplex in der Nähe des Bab Suweila umfaßte eine Moschee für das Freitagsgebet, eine Medrese und zwei Mausoleen. Roberts besuchte sie am Nachmittag des 9. Januar, nachdem er am Vormittag einige Entwürfe in Öl vom Inneren der Grabmoschee des Sultans Kaït Bei angefertigt hatte. Das Innere der zwischen 1416 und 1421 erbauten Moschee zeigt sich als großzügiger Säulenhof, der in drei Schiffe unterteilt ist. Diese werden von Säulen getragen, deren korinthische Kapitelle aus vorislamischer Zeit stammen und sicherlich Spolien, also wiederverwendete Bauelemente sind. Die Kassettendecken aus bemaltem und vergoldetem Holz, die Fenster in fein gearbeiteten Stuckeinfassungen, die wunderbar mit Holz und Elfenbein ausgeschmückte Kanzel, der Minbar, und die Dikka – die erhöhte, in der Mitte der Lithographie sichtbare Plattform für den Imam, die auf schlanken Marmorsäulen steht –, dies alles macht die Moschee zu einer der schönsten in ganz Kairo. Daher ist es wirklich ein Verlust, daß von der einstigen Moschee nur ein Teil erhalten ist: Die heutige Moschee umfaßt sogar nur einen der ursprünglichen vier Iwane. Bei Sonnenuntergang machte sich Roberts rasch auf den Heimweg, damit ihm noch genug Zeit blieb, um sich frisch zu machen und sich

elegant genug anzuziehen, denn er war eingeladen zur Einweihung der Städtischen Bühne. Das Gebäude war „klein, aber geschmackvoll" und die italienisch gesungene Oper gefiel ihm sehr.

The Coffee Shop

Ein Café

Abbildung 99

10. Januar 1839

Auf seinen Streifzügen durch die Stadt ließ sich Roberts gerne von den malerischen Bildern des Alltagslebens bezaubern. Hier dösten ein paar Alte neben einem mit namenlosen Waren vollgeladenen Stand vor sich hin, ein Stück weiter bestaunte die Menge begeistert die Vorstellung eines Jongleurs und gleich hinter der nächsten Ecke kämpfte ein Händler einen aussichtslosen Kampf, indem er den Staub auf die Straße kehrte, der sich doch eben erst auf den abgenutzten Boden des Ladens niedergelassen hatte. Von irgendwoher kamen immer irgendwelche geheimnisvollen Gerüche von Gewürzen und gegrilltem Fleisch, die sich mit dem Duft aus einem der unzähligen Kaffeehäuser vermischten. Die überfüllten Cafés waren zu jeder Tageszeit beliebte Treffpunkte für eine ausschließlich aus Männern bestehende Kundschaft. Hier verbrachten die Männer in ihren farbenfrohen Gewändern ihre Zeit, inhalierten aus langen Chabouks oder aus brodelnden Wasserpfeifen, um dann träge und selbstvergessen blaue Dunstkringel auszublasen, völlig verloren hinter irgendwelchen undurchdringlichen Gedanken. Oder aber sie ließen sich leidenschaftslos in endlosen Diskussionen aus, wobei sie, einem uralten Ritual folgend, eine nach türkischer Art zubereitete Tasse Kaffee in kleinen Schlückchen tranken. Neugierig und berauscht von dieser exotischen Welt ließ Roberts keine Gelegenheit aus, seine Eindrücke dem Papier anzuvertrauen.

David Roberts, R.A.
L. Haghe, Lith.

DIE KALIFENGRÄBER

Abbildung 100

11. Januar 1839

Ab der zweiten Hälfte des 13. Jh. entstanden östlich außerhalb der Fatimidenstadt große Nekropolen, die mittlerweile von der sich ständig ausbreitenden Metropole aufgesaugt wurden, wie auch schon die westlich der Zitadelle gelegenen Grabstätten. Auch hier beherbergen die Zwiebelkuppeln und Minarette in einem einzigartigen Miteinander von Lebenden und Toten einen großen Teil der Ärmsten der Armen.
Am 11. malte Roberts einige eindrucksvolle Detailansichten der Gräber, die fälschlicherweise auch heute noch als Kalifengräber bezeichnet werden. Die Herrschaft der Kalifen war nämlich schon 1258 mit dem Tod des letzten abbasidischen Königs in Bagdad zu Ende gegangen, die großen Mausoleen hingegen stammen aus der blühenden Zeit der beiden Mameluckendynastien. Der Titel eines Kalifen – was wörtlich Nachfolger, Stellvertreter bedeutet – wurde den Nachfolgern des Propheten Mohammed zuerkannt, dessen Stellvertreter sie eben waren: Als Fürsten der Gläubigen und Verteidiger des Islam übten sie die Exekutive und die Judikative aus und regierten als absolute Herrscher. Die Sultane, die ursprünglich in ihrer Bedeutung unter den Kalifen standen, übernahmen dann bei der Machtübernahme der Mamelucken die Rolle des Monarchen. Diese von einer dekadenten Romantik durchdrungene und doch nicht pathetisch wirkende Lithographie übermittelt sehr schön die von Roberts meisterhaft beherrschte beschreibende Ausdruckskraft.

Die Ruinen eines Minaretts in der Nähe der Zitadelle

Abbildung 101

11. Januar 1839

Bei seinem Gang durch die Kalifengräber fiel Roberts ein Minarett auf, das ihn beeindruckte, einsam und verfallen stand es dort, umgeben von den durch die Zeit zerstörten Überresten einiger anderer Grabmoscheen. Diese stummen Zeugen einer nun untergegangenen großen Zeit strahlten eine Stimmung von melancholischer Trostlosigkeit aus. Ganz selbstvergessen betrachtete Roberts die unglaubliche Vielfalt der Formen und Ornamente an dem Minarett. Die Linien vervielfachten sich, ohne daß jemals eine wie die andere war, was einen extremen Gegensatz zur wesensmäßigen Geometrie der Pyramiden darstellte, die sich riesengroß am Horizont erhoben.

In den ältesten Moscheen gab es noch keine Minarette und die Muezzin riefen vom Dach aus zum Gebet; das erste in Kairo errichtete Minarett – das der Ibn-Tulun-Moschee – war nach dem Vorbild der mesopotamischen Minarette spiralförmig. Ab dem 11. Jh. findet man Minarette mit schlankem Schaft auf einem quadratischen Grundriß, der von einem kuppelbekrönten Kiosk überragt wird. Aus diesem einfachen Modell entwickelten sich mit der Zeit in verschiedenen Bauphasen immer komplexere Formen: Nach der quadratischen Form setzte sich die achteckige durch, danach die runde, bis sich am Ende eine mehrstöckige Struktur entwickelte, in der die einzelnen Formen frei übereinander angeordnet waren. In Mode kamen die schlanken, stiftähnlichen Minarette, die in der Regel nur einen Balkon hatten, erst nach 1517, als Folge der türkischen Eroberung. Kaum in Ägypten eingeführt, übernahm die osmanische Architektur einige der lokalen bautechnischen Merkmale. Dazu gehörte der Gebrauch von zweifarbigem Mauerwerk, Ablak, das im 14. Jh. aus Andalusien nach Ägypten gekommen war und sehr beliebt wurde. Wenn es aus finanziellen Gründen nicht möglich war, farblich unterschiedliches Baumaterial einzusetzen, griff man einfach auf die List zurück, den Ablak auf den Putz aufzumalen.

Aus dem Tagebuch von David Roberts:
11. Januar - Heute habe ich einige Skizzen der Kalifengräber angefertigt. Ich habe einen Brief von meiner lieben Christine bekommen, in dem sie mir berichtet, daß es zu Hause allen gut geht, Gott sei Dank.

Ruined Mosques in the Desert, West of the Citadel.
David Roberts, R.A.
L. Haghe lith.

Mosque of Sultan Hassan, Cairo.

DAS INNERE DER SULTAN-HASSAN-MOSCHEE

Abbildung 102

12. Januar 1839

Obwohl Sultan Hassan den Bau seiner Moschee nicht zu Ende führen konnte, macht ihr harmonischer Aufbau und die anmutige Schlichtheit ihrer Verzierungen sie zu einem prachtvollen Meisterwerk, das in Ägypten seinesgleichen sucht. Das Gebäude weist einen unregelmäßigen fünfeckigen Grundriß auf, in welches die Kreuzform der Medrese eingefügt ist. Im Inneren öffnet sich ein quadratischer Mittelhof, der mit dem hier abgebildeten Brunnen verziert ist; um diesen lichtüberfluteten Hof herum verteilen sich die vier mit mächtigen Tonnengewölben überdeckten Iwane, die alle als Gebetsräume dienen: Die Spiele von Licht und Schatten, die Klarheit der Konturen und die Großzügigkeit der Räume sind der zum Gebet notwendigen inneren Sammlung überaus förderlich.
Am 12. Januar wurde Roberts, während er den Innenhof der Moschee malte, von einem gutaussehenden jungen Mann angesprochen, der angesichts Roberts' Tätigkeit neugierig geworden war. Sein Name war Hanafee Ismail Effendi und zu Roberts' großer Überraschung sprach er nicht nur ein ausgezeichnetes Englisch, sondern es stellte sich auch noch heraus, daß er auf einer seiner Reisen in Glasgow getauft worden war. Da er gebildet und europäisch erzogen war, gehörte er zur Entourage des Paschas. Zwischen den beiden entwickelte sich spontan eine Sympathie, die sich immer weiter ausbauen sollte; Ismail sollte nämlich Roberts auf seiner Reise in das Heilige Land begleiten und noch für viele Jahre mit ihm in Briefkontakt bleiben.

Der Sklavenmarkt

Abbildung 103

13. - 14. Januar 1839

Begleitet von einigen seiner neu gewonnenen Freunde – dazu gehörten John Pell und der Franzose Linant de Bellefonds, den er schon einige Monate zuvor in Alexandria kennengelernt hatte – drang Roberts bei Tagesanbruch des 13. Januar bis in die Wüste vor, einige Kilometer von Kairo entfernt. Hier waren die nach Mekka reisenden Pilger mit den Vorbereitungen beschäftigt, das Lager abzubrechen und ihre lange Reise nach Mekka zu beginnen: Da waren „etwa zweitausend Kamele und mindestens zwei- oder dreihundert Pferde“. Inmitten einer unglaublichen Ansammlung aller islamischen Volksstämme, unter denen die aus Konstantinopel aufgrund ihrer großen Anzahl besonders herausstachen, stand das Zelt des Emirs. Das Durcheinander war groß und der Anblick dieser Menschenmassen war äußerst beeindruckend. Mitten unter den Leuten gab es auch einige halbnackte Derwische mit ekstatischem Gesichtsausdruck, deren Haut und sogar die Lippen mit Spießen und Dolchen durchbohrt waren.

Nach dem Mittagsgebet wurde ein Schuß abgefeuert und auf dieses Signal hin setzte sich die wimmelnde Masse in einem Freudentanz nach Osten in Bewegung, begleitet von Tönen aus den unterschiedlichsten Instrumenten, was der Karawane einen fröhlichen Anschein verlieh, der vermutlich der Feierlichkeit des Augenblicks völlig entgegenstand. Die Szene rief in Roberts die Bibelstelle wach, in der beschrieben ist, wie das israelische Volk die Wüste durchquert. Obwohl er sich sein Zeichenmaterial mitgenommen hatte, war die ganze Situation so konfus, daß er nicht viel zuwege brachte. Dennoch war der Ausflug eine unvergeßliche Erfahrung und auf dem Rückweg gab es vieles zu erzählen. Der folgende Tag war ganz den Einkäufen der für die bevorstehende Reise ins Heilige Land notwendigen Dinge vorbehalten: Roberts erwarb Feldflaschen, Decken, einige Pistolen, einen Säbel und noch verschiedene andere Dinge. So sehr er auch die Schönheiten Kairos zu schätzen wußte, konnte er sich doch bei seinen Wanderungen durch die verschlungenen Gassen des Basars oder des Zentrums nicht mit der entsetzlichen Armut abfinden, die er rings um sich sah, und ebensowenig mit den häufig vorkommenden Szenen der Gewalttätigkeit, bei denen sich alles in ihm auflehnte. Jedes Mal erschauerte er beim Anblick der mitten auf den Straßen kauernden Bettler, der jungen Rekruten, die in Ketten in die Kaserne gebracht wurden oder der Gehängten, die mitten auf dem Hauptplatz an einem Seil baumelten, dem Spott der Öffentlichkeit freigegeben als furchtbare Mahnung der Gerechtigkeit des Paschas. Was ihm aber wirklich das Blut in den Adern kochen ließ, war das menschenverachtende Schauspiel des Sklavenmarktes, eine Barbarei, die eine Schmach auf das ganze Land warf.

David Roberts R.A.
L. Haghe lith

Eine Moschee im Vorort Bulak

Abbildung 104

15. Januar 1839

Obwohl Roberts wenig Kenntnisse über den Islam besaß, zeigte er ein ausgesprochen lebhaftes Interesse für die prächtige Architektur der Moscheen, die das Innerste seines ästhetischen Feingefühls trafen. Schon während einer, um Jahre zurückliegenden, Reise nach Spanien war er mit der arabischen Kunst in Berührung gekommen, aber die feine Mehrfarbigkeit des Mauerwerks, die Leichtigkeit der Stuckarbeiten und der Spitzen aus behauenem Stein, die Klarheit der Konturen, die sich täglich neu seinem geblendeten Blick darboten, waren ohnegleichen. Auch bei einem Streifzug durch die Gassen des Hafenviertels von Bulak, wohin er sich am Morgen des 15. Januar begeben hatte, wurde seine Vorliebe nicht geringer, so daß sich in dieser Lithographie das Augenmerk auf das im Hintergrund befindliche Sanktuarium richtet, genau im Brennpunkt des Werkes.
Die Moscheen, sicherlich die bedeutendsten architektonischen Werke islamischer Kunst, können in drei Kategorien eingeteilt werden: Dschami, die Moschee für das Freitagsgebet der Gemeinde, Masdschid, der Ort für Gebete und innere Sammlung, dessen Name auch den Ursprung für die heutige Bezeichnung Moschee liefert, und die Sawija, die Gedenkkapelle.
Da es zwischen den religiösen, dogmatischen und sozialen Regeln des Islam, die sich in den vier wichtigsten Schulen herausgebildet hatten, keine größeren Unstimmigkeiten gab, konnten in ein und demselben Gebäude verschiedene Rituale zelebriert werden.

Eine weitere Bauart war die Khanqah, eine Art Klostermoschee, wo diejenigen lebten und lernten, die eine mystische und esoterische Vereinigung mit den religiösen Doktrinen eingegangen waren, in denen Einsamkeit und Askese eine fundamentale Rolle spielten. Moscheen, Medresen und die Khanqah waren häufig mit den Mausoleen von bedeutenden Persönlichkeiten verbunden, mit denen sie so einen ganzen Komplex bildeten.
Von Bulak ließ sich Roberts dann auf die Insel Roda übersetzen, eine langgestreckte grüne Oase mitten im Flußlauf des Nils.

David Roberts R.A.
Bulhack
Cairo

Tombs of the Khalif
Cairo

Die Moschee des Sultans El-Aschraf Kaït Bei

Abbildung 105

16. Januar 1839

Offensichtlich mußte die surreale Atmosphäre, die von den mameluckischen Nekropolen ausging, eine besondere Anziehungskraft auf den schottischen Maler ausgeübt haben, denn am 16. Januar kehrte er noch einmal dorthin zurück. Eines der berühmtesten Kalifengräber ist das des Sultans El-Aschraf Kaït Bei, welches aus verschiedenen Bauteilen besteht, die ihren Höhepunkt in der wunderschönen Grabmoschee erreichen: Es war unter den Königen damaliger Zeit üblich, eine Moschee oder eine Medrese neben dem eigenen Mausoleum errichten zu lassen. In der Regel blieb die unterirdische Grabkammer, in der der Leichnam aufgebahrt wurde, den Kopf in ein weißes Tuch gewickelt und in Richtung Mekka zeigend, ohne Ausschmückungen. Im darüberliegenden kuppelbedeckten Gebäude dagegen waren sie im Überfluß zu finden. Sultan Kaït Bei, dessen lange Regentschaft den Höhepunkt der Zeit der tscherkessischen Mamelucken kennzeichnete, wollte eine besonders prächtige Grabstätte. Darin wird auch deutlich, daß sich ein architektonischer Stil durchzusetzen begann, der, im Vergleich zu dem der Vergangenheit den Einzelheiten mehr Beachtung entgegenbringt als der Größe der Baustrukturen. Der zeitgenössische Geschmack im Hinblick auf die Ornamentik kennzeichnete außerdem die Blütezeit der Marmorverarbeitung, die auch auf den Fassaden häufig eingesetzt wurde. Dieses zwischen 1472 und 1474 errichtete Bauwerk gilt dank der meisterhaften Ausgewogenheit der Proportionen und der überaus reichen Ausschmückungen als eines der unbestrittenen Meisterwerke der mameluckischen Architektur. Besonders beachtenswert sind das feine Netzwerk der Kuppel und die elegante Form des gut 40 Meter hohen Minaretts.
Der Gebetsraum ist mit einem wunderbaren Fußbodenmosaik aus verschiedenfarbigem Marmor ausgelegt; neben dem Mausoleum von Kaït Bei öffnet sich eine Halle mit den Gräbern seiner vier Frauen, die von dem durch die farbenprächtigen Fensterscheiben scheinenden Licht eingehüllt werden. Angesichts so viel eleganter Schönheit stellt die historische Persönlichkeit des Sultans einen einzigartigen Kontrast dar: Ehrgeizig und beharrlich wie er war, erzwang er durch gnadenlose Besteuerungen immense Geldmengen, die er zur Finanzierung von kostenaufwendigen Bauprogrammen in der Hauptstadt einsetzte und außerdem für einen zermürbenden Kampf gegen das Osmanische Reich, der erst mit dem Friedensschluß im Jahr 1491 endete. Er war ein Mensch mit einem besonders ausgeprägten Schönheitssinn, berühmt wurde er aber leider auch wegen seiner sowohl plötzlichen als auch augenscheinlich ungerechten Gewaltausbrüche.

Die Khanqah des Sultans Farag Ibn Barkuk

Abbildung 106

16. Januar 1839

Als Roberts Kairo besuchte, befand sich ein großer Teil der schönsten Baudenkmäler in einem desolaten Zustand, viele konnten sogar historisch nicht mehr eingeordnet werden. Der Künstler war außerdem mit der Sprache kaum, um nicht zu sagen gar nicht vertraut, und so kam es häufig vor, daß er Schwierigkeiten dabei hatte, Informationen über die prachtvollen Bauwerke zu erhalten, die ihm jeweils als Motiv dienten. So erklärt sich auch die Unbestimmtheit der Titel, die manchmal zu den von Haghe ausgeführten Lithographien gehören. Die hier abgebildete wird zum Beispiel einfach „Eines der Kalifengräber" genannt, dabei handelt es sich in Wirklichkeit um die Khanqah des Sultans Farag Ibn Barkuk, eines der bedeutendsten architektonischen Bauwerke, die während der Dynastie der tscherkessischen Mamelucken errichtet wurden. Obwohl er sich schon ein Mausoleum innerhalb der Stadtmauer hatte errichten lassen, verlangte Sultan Zahir Barkuk – Gründer der tscherkessischen Dynastie – kurz vor seinem Tod, neben den Gräbern der Sufiten auf dem östlich der Fatimidenstadt gelegenen Friedhof bestattet zu werden. Der Sohn, El-Nasir Farag, wollte seinem Wunsch entsprechen und baute eine große Khanqah mit zwei Mausoleen, eine für seinen Vater und eine für ihn selbst. Obgleich Zahir Barkuk ein fähiger Krieger war, der die Osmanen und die Mongolen von Tamerlan zurückgedrängt hatte, fühlte er sich von der asketisch-mystischen Lehre des Sufismus angezogen und dies erklärt seinen Wunsch. Trotz der Widerstände der orthodoxen Schulen des Islam dem Sufismus gegenüber, festigte er sich doch ab dem 11. Jh. und erreichte einen beachtlichen politischen und sozialen Einfluß auf den Islam; durch ihn wurde die Heiligenverehrung eingeführt, religiöse Bruderschaften und die arabisch-persische Poesie, die in unterschwellig ausgelassener und erotischer Form von der Liebe zu Gott erzählt.
Die zwischen 1400 und 1411 erbaute Khanqah weist einen quadratischen Grundriß auf, zwei Minarette und zwei Kuppeln überragen die jeweiligen Mausoleen. Die Symmetrie des Bauwerks ist beinahe perfekt, was selten der Fall war bei der Architektur der damaligen Zeit. Die Lithographie zeigt den nördlichen Eingang des Gebäudes und die kleine säulengestützte Bogenloggia, Sabil-Kuttab genannt.
In der Grabanlage war auch der Bau eines Kamelmarktes und anderer Geschäftshäuser vorgesehen, die jedoch aufgrund des frühzeitigen Todes von El-Nasir nicht fertiggestellt wurden; er wurde von seinen Emiren auf Anstiftung des Scheichs El-Mahmudi, des späteren Sultans Muaijad, hingerichtet.
Die interessante Vielfältigkeit der Funktionen war damals keinesfalls unüblich, denn Friedhöfe galten nicht als das alleinige Reich der Toten. Paläste und herrschaftliche Residenzen befanden sich dort, in denen die Reichen bei Festen zu Ehren der Verstorbenen oder auch bei den üblichen Besuchen ihrer verstorbenen Angehörigen wohnten.

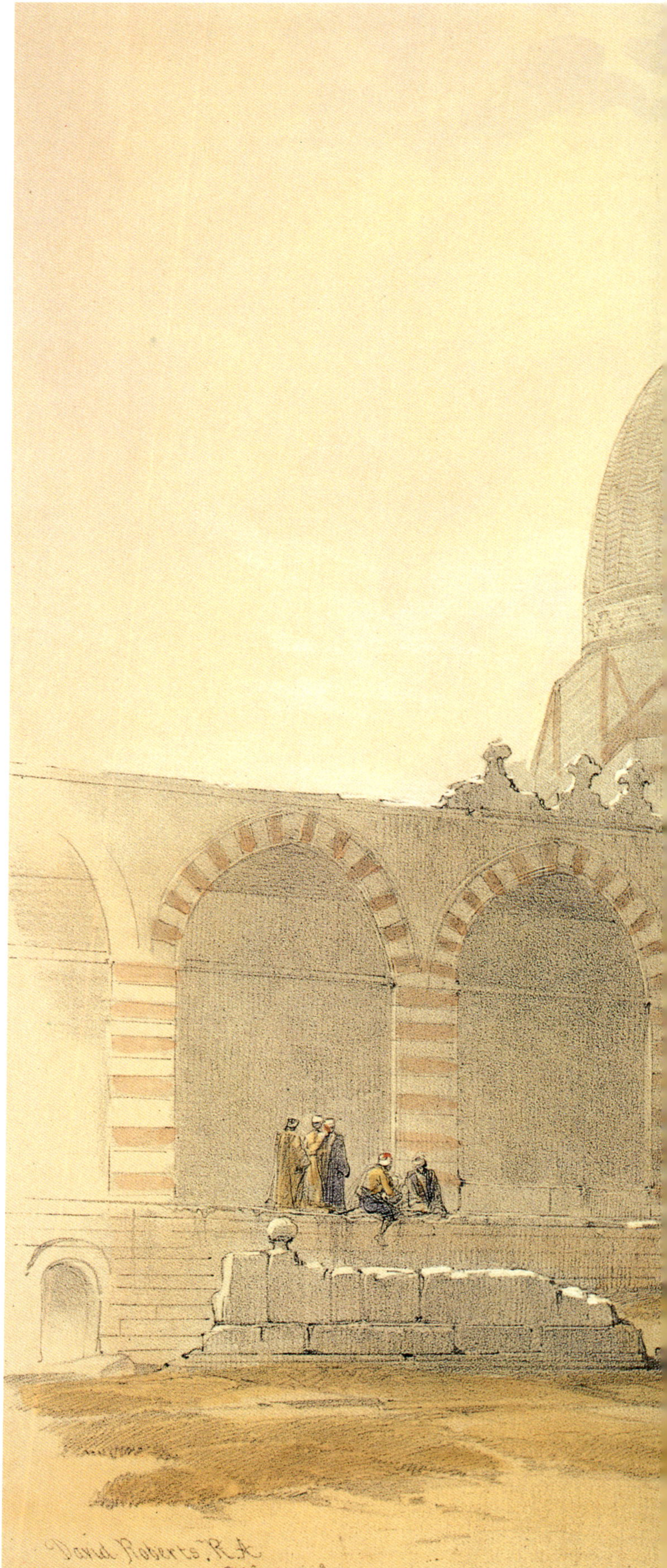

One of the Tombs of the Khalifs
Cairo.

Die Pyramiden von Giseh, vom Nil aus gesehen

Abbildung 107

17. Januar 1839

Am 17. Januar besuchte Roberts noch einmal die Pyramiden, denen er schon am 3. Oktober einen Besuch abgestattet hatte, und schrieb in sein Tagebuch: „Ich kann meine Gefühle beim Anblick dieser titanischen Bauwerke nicht in Worte fassen". Dies ist eine Erfahrung, die alle Reisenden zu jeder Zeit machten und machen, wenn sie vor diesen geometrisch perfekt gestalteten Giganten stehen. Es ist kein Zufall, daß schon seit ältester Zeit über diese großen Grabstätten der Pharaonen der 9. Dynastie geschrieben wird und Hypothesen aufgestellt werden über ihre Errichtung, die verborgene Bedeutung ihrer Proportionen und über das esoterische Geheimnis ihrer Ausrichtung, aufgrund derer sie auf dem nordöstlichen Tafelrand der libyschen Wüste angeordnet wurden. Schon die Reisenden in der Vergangenheit stellten sich Fragen über den Zweck der Pyramiden, in jüngerer Zeit hingegen gab es auch solche, die sich zum Vorreiter einer neuen, sowohl eindrucksvollen wie auch verworrenen Wissenschaft machten, der Pyramidologie. Die moderne Archäologie, die wenig zu phantastischen Spekulationen neigt, und die Funktion der Pyramiden als Grabstätten bestätigt hat, versucht hingegen, die bautechnischen Strategien aufzudecken, mit denen Probleme, sowohl in Hinsicht auf Material als auf Organisation, überwunden wurden, die auch heute noch schwer zu lösen sind. Roberts malte diese Ansicht vom östlichen Nilufer aus, in der Nähe der Anlegestelle der Fähre nach Giseh. Von diesem Punkt aus gesehen, wirkt es, als seien die riesigen Kolosse der Größe nach sortiert: Von rechts nach links sieht man als erstes die Cheops-Pyramide, dann die von Chepren – die größer zu sein scheint, da sie auf einer Bodenanhöhe gebaut ist – und schließlich die Mykerinos-Pyramide, auf die noch die kleinere Pyramide einer Königin folgt, deren Größe Roberts im Verhältnis zu den anderen hervorgehoben hat. Bis ins letzte Jahrhundert konnten Besucher das Pyramidenfeld nur bei niedrigem Wasserstand des Nils ohne größere Schwierigkeiten erreichen, wenn auch die Kanäle ohne Wasser waren: Dann brauchte man nur wenig mehr als eine Stunde, um sich von Kairo nach Madiah zu begeben, mit dem Boot über den Nil überzusetzen und das Dorf Giseh zu erreichen. Während der Nilüberschwemmung, wenn sich das ganze Gebiet in einen Sumpf verwandelte, wurde diese Reise wesentlich länger und schwieriger.

David Roberts R.A. L. Haghe. lith

Die Pyramiden von Cheops und Chepren

Abbildung 108

17. Januar 1839

Schon der griechische Historiker Herodot, der 450 v. Chr. Ägypten besuchte, versuchte, eine Erklärung für die vielen Fragen zu finden, die um die Pyramiden und ihre Entstehung herum rankten. In seinem zweiten Buch berichtet er, wie die Große Pyramide gebaut wurde: 100 000 Menschen wurden im Turnus von drei Monaten eingesetzt, sie errichteten zuerst eine Art Stufenpyramide, wobei sie die Steine mit Hilfe von aus Holz gebauten Vorrichtungen nach oben zogen, um diese dann mit gut bearbeiteten und geglätteten Steinen zu verkleiden. Cheops wird als Tyrann beschrieben, der seinem Volk „zehn Jahre Entbehrungen unter größter Anstrengung" auferlegte. Auch ein anderer Historiker, Diodorus, der vier Jahrhunderte später lebte, hatte ähnliches geschrieben. In Wirklichkeit aber entspricht nichts von dem, was die zwei Historiker überlieferten, der Wahrheit: Inzwischen ist es erwiesen, daß die – aus 50 000 Menschen bestehende – Arbeiterschaft über insgesamt 22 Jahre nur für dreieinhalb Monate im Jahr, während der Überschwemmungszeit nämlich, angeworben wurde. Bauern und junge Untertanen aller Schichten bildeten die Arbeitskraft des Heeres, das saisonweise die Baustelle des Pharaos belebte. Gerechtfertigt wurden das zyklopische Bauwerk und die zu seiner Realisierung notwendigen Anstrengungen durch die göttliche Natur des Königs.

Nach gängiger Auffassung sind also die Vorwürfe wegen Sklaverei nicht mehr haltbar. Die Arbeiter werden heute als Freiwillige betrachtet, die sich durch ihren Einsatz die Fürsprache des Verstorbenen bei dem Sonnengott Re verdienen wollten. Ähnlich wie die Menschen im Mittelalter, die ihre Sünden beim Bau großer Kathedralen sühnten, akzeptierten es die Ägypter der Antike in Mannschaften aufgeteilt zu werden und sich von den an der Spitze eines stabilen Staatsapparates stehenden Fachleuten anleiten zu lassen, um sich vor den Göttern verdient zu machen. Es ist noch nicht bekannt, welche Techniken angewandt wurden, um die einzigartigen Baudenkmäler zu errichten – vielleicht übereinander stehende Rampen, die nach und nach mit dem Fortschreiten der Arbeiten erhöht wurden – aber schon allein die Zahlenwerte des Bauwerks sind unglaublich. Die Cheops-Pyramide umfaßt einen größeren Rauminhalt als jedes andere Bauwerk der Antike (über 2,5 Mio. m³) und seine ursprüngliche Höhe von 147 Meter blieb bis zum Bau der Türme des Kölner Doms, vier Jahrtausende später, unerreicht.

Die Sphinx

Abbildung 109

17. Januar 1839

Die Sphinx, die im Arabischen den eindrucksvollen Namen Abu el-Hol, „Vater des Schreckens", trägt, erhebt sich vor der östlichen Seite der Chepren-Pyramide im Wüstensand. Sie ist 20 Meter hoch und liegt ausgestreckt auf einer Länge von 57,5 Metern. Die riesige Löwengestalt wurde aus einem Ausläufer von Kalksteinfelsen herausgeschlagen, der ursprünglich als Steinbruch für Baumaterial genutzt wurde. Die Pfoten und der Schwanz hingegen wurden aus einzelnen Blöcken errichtet. Wie aus der Lithographie hervorgeht, war das Gesicht für lange Zeit das einzige, was aus dem Sand herausragte: der Kopf ist etwa fünf Meter hoch und weist noch heute Spuren polychromer Verzierungen auf, die Roberts damals noch viel besser erhalten sah, als sie es heute sind. Zu Herodots Zeit mußte das Bauwerk nicht einmal sichtbar gewesen sein, denn der Historiker erwähnt es in keiner Zeile. Die Kolossalfigur trägt die Gesichtszüge des Pharaos Chepren, wiedergegeben als lebendes Abbild des Sonnengottes, dem Wächter der Nekropole von Giseh. Ab der Zeit des Neuen Reiches wurde die Sphinx mit dem Gott Harmachis, „Horus am Horizont" identifiziert, oder in gewagtem Synkretismus sogar mit einer Gottheit, die in sich die dreifache Erscheinungsform der Sonne während ihres Laufes am Himmel vereinigt: Bei Sonnenaufgang als Chepre, Re im Glanz der Mittagssonne und Atum bei Sonnenuntergang. Die Sphinx wurde im Verlauf der Jahrtausende mehrfach restauriert, da sie immer wieder beschädigt worden war – zuletzt, als sie von den mameluckischen Soldaten für Schießübungen benutzt wurde. Die berühmtesten Restaurierungsmaßnahmen sind die von Thutmosis IV., Harmachis selbst war ihm im Traum erschienen, um ihm die Freilegung des Bauwerks und die Wiederherstellung des alten Glanzes aufzuerlegen. Eine Traumstele aus rotem Granit steht auch heute noch zwischen den vorderen Löwentatzen.

David Roberts R.A. L.Haghe, lith.

Die Sphinx, von vorne gesehen

Abbildung 110

17. Januar 1839

Die Sphingen waren in der Antike in ganz Ägypten sehr verbreitet. Ihr Name stammt ab vom griechischen „Sphígx", was wiederum dem ägyptischen shesep ankh entlehnt ist, was soviel wie „lebendes Abbild" bedeutet. Diese Skulpturen waren stets Abbilder des Pharaos oder eines Schutzgottes.
Schon ganz früh wurde der König mit einem Löwen gleichgesetzt und als solcher auch dargestellt, aber erst ab der 4. Dynastie wurde die Bestie von den Handwerkern mit einem Menschenkopf ausgestattet, der für gewöhnlich mit dem königlichen Kopftuch, dem Nemes, und der Uräusschlange verziert war. Vor allem im thebanischen Raum konnten die Sphingen auch einen Widderkopf haben, da der Widder das heilige Tier des Amun-Re war, oder auch den Kopf eines Falken, dem Symbol des Horus.
Das berühmteste Beispiel für diese Figuren ist die Große Sphinx von Giseh, das Bauwerk, das zum Sinnbild für die altägyptische Architektur schlechthin geworden ist. Nachdem der Koloß ewig lange unter dem Sand verborgen war, wurde er im Jahr 1798 von den Wissenschaftlern im Gefolge der Ägyptischen Expedition erstmals zum Teil ausgegraben, dann noch einmal 18 Jahre später von dem italienischen Archäologen Giovanni Caviglia, der auch einige einzelne Bruchstücke der Sphinx fand, die sich heute im British Museum befinden. Die Restaurierungsarbeiten, durch die die Sphinx ihr heutiges Aussehen erhielt, fanden zwischen 1925 und 1936 statt und wurden von den Ägyptologen Emile Baraize und Selim Hassan durchgeführt. Beachtenswert ist das eindeutig falsche Datum auf dem Bild: Die Zeichnung für diese Lithographie wurde mit Sicherheit nicht am 17. Juli 1839 angefertigt, zu diesem Zeitpunkt war Roberts nämlich bereits wieder in England, sondern sechs Monate früher.

Der herannahende Samum, in Giseh

Abbildung 111

17. Januar 1839

Aller Wahrscheinlichkeit nach hat Roberts die Zeichnung für diese berühmte Lithographie erst gemacht, als er sich bereits wieder in seiner Heimat befand.
Diese Komposition ist eine Art Tribut an die geheimnisvollen und exotischen Zauber des antiken Ägyptens und der Sphinx insbesondere: Eine Ausnahme im ansonsten streng dokumentarischen Anspruch des Künstlers. Während der Himmel entflammt, angestrahlt durch die letzten Sonnenstrahlen, nähert sich ein heftiger Sandsturm der Gruppe von Karawanenführern, die ihr Lager zu Füßen der Sphinx aufgeschlagen haben. Ihr ewig geheimnisvolles Lächeln strahlt eine unerschütterliche Gleichgültigkeit gegenüber der bevorstehenden Wucht des Windes aus. Der Himmel wird schwer von Sand, der sich in immer dichteren Wellen vorwärtsbewegt, und die Männer suchen Schutz vor der Gewalt des Samum.
Die dramatische Spannung des Augenblicks ist packend, die rätselhafte Kraft, die das riesenhafte Antlitz ausstrahlt und die geheimnisvolle, fast greifbare Übermacht der Pyramiden: Und doch ist alles irreal, eine wundervolle Fiktion, die der Vorstellungskraft des Malers entspringt. Er schöpft aus seiner Phantasie und nutzt voll die Freiheit der Fiktion aus, die nur die Kunst demjenigen zugesteht, der sie verdient.
In Wirklichkeit ist die Sphinx zur aufgehenden Sonne ausgerichtet, wohingegen sie hier nach Westen schaut und die Sonne im Süden untergeht; die Pyramide von Mykerinos ist zu nah, und die der Königinnen verlieren sich im Horizont wie arme Waisenkinder des Herrn.
Der Samum ist außerdem ein warmer und trockener Wind, der meist während der Frühlingsmonate aus der Wüste weht und sich nur für wenige Minuten mit einer unglaublichen Wucht entfesselt. Es ist daher schwierig, wenn nicht sogar unwahrscheinlich, daß Roberts Zeuge einer der Abbildung ähnlichen Szene geworden sein sollte. Aber nichtsdestotrotz gehört dieses Bild mit zu den dramatischsten der ganzen Sammlung und es ist zweifellos auf emotionaler Ebene eines der mitreißendsten.
Im Januar 1850 malte Roberts ein kleines Ölbild mit dem gleichen Motiv, welches er seinem Freund Charles Dickens schenkte: Auf die Kritiken derer, die diese Unstimmigkeiten bemerkten, antwortete der große Schriftsteller, daß dem Künstler diese poetische Freiheit gestattet ist.

Blick auf Kairo, von Westen

Abbildung 112

18. Januar 1839

Roberts widmete den ganzen 18. Januar der Suche nach den schönsten Aussichtspunkten für eine Gesamtansicht der Stadt. Schon damals war Kairo eine chaotische und schwierige Metropole, in der die Gebäude der verschiedenen Epochen eines über dem anderen gebaut worden waren, ein Gewirr ohne erkennbare Ordnung. Nur eine an fortwährenden Umwälzungen und Überraschungen reiche Geschichte kann ein solches Chaos erklären.
Die erste bewohnte Siedlung, die von den Griechen Babylon genannt wurde, entstand dort, wo sich vor Urzeiten der schicksalhafte Kampf zwischen dem wohlwollenden Gott Horus und dem heimtückischen Seth zugetragen haben soll: Damals war Memphis die Hauptstadt Ägyptens und später Theben. Mit der Machtübernahme durch Alexander den Großen im Jahr 332 v. Chr. wurde der Königssitz in die Stadt Alexandria verlegt, die ihre Vormachtstellung auch unter der römischen Herrschaft und während der raschen Ausbreitung des Christentums beibehalten konnte. Im Jahr 639 wurde Babylonien von Amr Ibn el-As, dem arabischen Feldherrn, der die Islamisierung des Landes einführte, erobert: Zwei Jahre später beschloß der Kalif Omar Ibn el-Khalab, eine neue Hauptstadt in der Nähe der alten byzantinischen Festung zu gründen, die er Fustat nannte. 750 n. Chr. wurden die Omaijaden durch die Abbasiden verjagt, die den Grundstein der Stadt El-Askar legten, eine militärische Hauptstadt, die sich bald ausbreitete, bis sie zusammen mit Fustat eine große Metropole bildete. Einhundertzwanzig Jahre später gründete Ahmed Ibn Tulun eine dritte befestigte Hauptstadt, die innerhalb weniger Jahrzehnte die zwei vorhergehenden Stadtzentren in sich aufnahm. Die eigentliche Gründung der Stadt Kairo aber fand im Jahr 969 statt und war das Werk des fatimidischen Feldherrn Gohar el-Sikkili: Damals erhielt die Stadt ihren Namen El-Kahira, die Siegreiche. Darauf folgte eine lange Zeit, in der sich das Stadtgebiet nach Norden und nach Osten bis zu den Mokattam-Höhen ausbreitete. Die Machtübernahme durch Saladin im Jahr 1175 kennzeichnete eine neue Epoche in der Geschichte Kairos, denn unter seiner Herrschaft wurden die Stadtmauern ausgeweitet und die Zitadelle gebaut. Auch die Zeit der Mamelucken stellte eine wichtige

Phase in der Urbanisierung dar, die von den osmanischen Herrschern entschlossen fortgeführt wurde, als Ägypten eine Provinz des türkischen Reiches wurde. Nach der kurzen Besetzung durch Napoleon begann ab 1805 unter dem Pascha Mehmed Ali die Entwicklung, die zum heutigen Stadtbild geführt hat.

Aus dem Tagebuch von David Roberts:
18. Januar - Heute bekam ich einen Brief von meinem geschätzten Freund Durrant, von dem ich erfuhr, daß es meiner lieben Christine gutgeht.

Blick auf Kairo, nach Osten

Abbildung 113

18. Januar 1839

Die Stadt ist hier nach Osten hin abgebildet, von dort aus gesehen, wo sich heute das bevölkerungsreiche Viertel Saijida Zeinab befindet: Links ragt das mächtige Bauwerk der Sultan-Hassan-Moschee empor, rechts die Zitadelle, während sich im Vordergrund das Tor von Citzenib öffnet. Von oben gesehen erschien diese Stadt wie ein Ozean aus erdfarbenen Häusern, die immer von einer Schicht des aus der Wüste herübergewehten feinen Sandes bedeckt sind. Dieser Anblick wurde durch die zarten Umrisse der unzähligen Minarette, die sich gegen den Himmel streckten, noch außergewöhnlicher. Roberts war fasziniert und gleichzeitig fassungslos, wenn er sich dieses Universum anschaute, das sich so unglaublich von seiner Welt unterschied.

In Kairo konnte man jeden Tag die extremsten Gegensätze beobachten: Koptische Araber, Beduinen, Türken, Berber und Fellachen bildeten ein unbeschreibliches Gemenge, das sich auf die nach Gewürzen und Weihrauch duftenden Straßen ergoß, während die Muezzin in den stillen Moscheen in ihren makellosen Gewändern in den Seiten des Koran blätterten.

Im Labyrinth der Stadt vermischten sich die Überbleibsel einer legendären Vergangenheit mit dem alltäglichen Elend und die unvergleichliche architektonische Eleganz stand in einem krassen Gegensatz zu dem barbarischen Schauspiel des Sklavenmarktes.

Die Front eines Wohnhauses

Abbildung 114

19. Januar 1839

Roberts ließ sich immer mehr mitreißen von der islamischen Architektur, und so verbrachte er einen ganzen Tag, den 19., mit dem Studium der Bautechniken und der für Kairo typischen Ornamentik. Zuvor besuchte er einige Wohnhäuser, darunter ein altes herrschaftliches Haus, das früher einmal wunderschön gewesen sein muß, jetzt aber leider völlig verfallen war. Diesen Zustand bezeichnete er als typisch für einen großen Teil dieses unglücklichen Landes, das infolge der langen Mißwirtschaft und der vielen Kriege im Verfall begriffen war. Nach dem Mittagessen ging er zum größten Platz Kairos, wo sich im Auftrag des Paschas mehrere Baustellen befanden. Die Steine und die Mörser für die Zubereitung des Mörtels wurden von einer großen Anzahl junger Frauen auf den Schultern getragen. Sie wurden von einem Aufseher überwacht, der nicht gerade sparsam mit Peitschenhieben umging.

Die islamische Architektur setzte in Kairo etwa ab dem 11. Jh. mit dem Bau der Ibn Tulun-Moschee und dem Nilmesser auf der Insel Roda ein, die jedoch deutlich unter mesopotamischem Einfluß standen. Erst mit Beginn der Fatimidendynastie begann sich ein autochtoner Stil zu entwickeln, in dem deutlich die Vorliebe für extrem komplexe Ornamente zum Ausdruck kommt; wo in geometrischem Rahmenwerk eingefügte Arabesken und das berühmte verschlungene Sternmuster bestechen. Der Einfluß der syrischen Kunst war vor allem während der aijubidischen Herrschaft und der ersten Mameluckenzeit spürbar: Zu den Neuerungen gehörten das Stuckornament, die Verwendung von farbigem Glas, das mehrfarbig gestreifte Mauerwerk und die Stalaktitenpendentifs, die ab diesem Zeitpunkt zu einer Eigenheit der ägyptischen Kunst wurden.

Die tscherkessischen Mamelucken bevorzugten die Marmorverkleidungen und brachten den Kuppelbau zu seinem Höhepunkt. Die türkische Herrschaft war, mit einigen Ausnahmen, gekennzeichnet durch den Untergang der Bautätigkeiten und führte zu einem allgemeinen Rückgang der Freude an Ornamenten. Aber erst der europäische Einfluß hat der architektonischen Kreativität in Kairo den Todesstoß versetzt, die sich immer mehr der Architektur der großen westlichen Metropolen anglich.

Ab der zweiten Hälfte des letzten Jahrhunderts wurde der größte Teil der Privathäuser abgerissen – die Moscheen blieben davon glücklicherweise verschont –, um Platz für höhere Gebäude zu schaffen; die Häuser hatten nämlich früher kaum einmal mehr als zwei oder drei Stockwerke. Typisch für diese alten orientalischen Häuser waren die reichhaltig ausgeschmückten Eingänge und die Mashrabiyya, die auf die Straße zeigenden, fein gedrechselten Holzveranden.

David Roberts R.A.
L Haghe lith

DER MARIENBAUM, IN EL-MATARIJA

Abbildung 115

20. Januar 1839

Am Sonntag, den 20. Januar wachte Roberts früh auf und machte sich, nachdem er sich einen Esel und einen jungen Führer gesucht hatte, auf den Weg nach El-Matarija, um die große Sykomore zu sehen, unter der die heilige Familie auf der Flucht vor Herodes' Soldaten Schutz gefunden haben soll. In Wirklichkeit ist der sogenannte „Marienbaum" im Jahr 1672 an der Stelle eines älteren Baumes gepflanzt worden, der schon im Mittelalter das Ziel von Pilgern war. Auch heute noch ist der große, etwa zwölf Kilometer von Kairo entfernte Ort El-Matarija bekannt für die der Jungfrau geweihten Kapelle. Der heilige Baum befindet sich genau vor dieser Wallfahrtskirche, inmitten eines durch eine Süßwasserquelle bewässerten Garten, die der Legende nach das kleine Jesuskind hat hervorsprudeln lassen. Diese Tradition knüpft an einen weitaus älteren Kult an: Im nahen Heliopolis nämlich wurde schon in ramessidischer Zeit ein heiliger Baum verehrt, in dessen Schatten die Isis den Horusknaben gestillt haben soll. Roberts schnitzte seinen Namen in die Rinde des alten Baumes und schnitt einen Ast ab, den er Christine als Reliquie mitbringen wollte.

An diesem Sonntag machte Roberts eine Ausnahme der Gewohnheit, sonntags nicht zu arbeiten und malte die alte Sykomore. Da in der Zwischenzeit ein recht starker Wind aufgekommen war, beschloß er, sich zu beeilen, um noch den Obelisken zu erreichen, der sich einsam auf der nahegelegenen Ebene erhob. Er ist der einzig übriggebliebene Zeuge der antiken und ruhmreichen Stadt Heliopolis.

David Roberts R.A.
L. Haghe Lith
The Holy Tree, Metereah

Der Obelisk Sesostris' I. in Heliopolis

Abbildung 116

20. Januar 1839

Von El-Matarija aus erreichte Roberts Heliopolis, „den Ort, in dem schon der Historiker Herodot in die Mysterien des ägyptischen Klerus eingeweiht wurde". Entstanden war diese altägyptische Stadt in der Zeit der Könige der 5. Dynastie mit dem Namen Iunu; in der Bibel wird sie mehrfach On genannt. Von hier aus verbreitete sich schon bald der Kult des Sonnengottes Re, und die Stadt wurde eine der wichtigsten kulturellen und religiösen Stätten von ganz Ägypten. Hier wurden mit großer Ehrerbietung der falkenköpfige Sonnengott Re-Harachte, der menschenköpfige Atum und der heilige Stier Mnevis verehrt. Dieser Triade wurde ein gigantischer Tempel geweiht, der in der Zeit der Ramessiden nach Theben der zweitwichtigste im Land war; seine Priester waren in der ganzen Welt der Antike bekannt für ihre Weisheit, und aus dieser Tradition heraus hat sich auch Platon dorthin begeben, um hier das Wissen zu erlernen. Von dem großen Heiligtum, welches Amenemhet I. an der Stelle eines älteren Bauwerkes errichtet hatte, ist nichts mehr erhalten außer einem der zwei Obelisken, die Sesostris I., sein Sohn und Nachfolger, vor den Pylonen hatte bauen lassen. Der Monolith aus rotem Assuangranit ist 20,5 Meter hoch und trägt auf allen vier Seiten eine gleichlautende Inschrift, die daran erinnert, daß der König den Obelisken bei seinem ersten Sedfest gestiftet habe. Aufgrund der örtlichen Nähe von Heliopolis zu Kairo ist es wahrscheinlich, daß die Ruinen im Laufe der Jahrhunderte als Steinbruch genutzt wurden, dies würde auch erklären, wieso sich auf dem Gelände keine anderen Reste von Bauwerken mehr befinden.
Das Wetter wurde rasch immer schlechter, daher machte Roberts in aller Eile eine Skizze des Obelisken und stieg wieder auf den Rücken seines Esels. Kurze Zeit später brach ein gewaltiges Gewitter aus, und als der Ärmste in Kairo ankam war er naß bis auf die Haut.

Aus dem Tagebuch von David Roberts:
20. Januar - Auf dem Rückweg bin ich von einem unglaublich starken Regenguß überrascht worden, wobei mir so kalt geworden ist, daß es zu Hause noch eine ganze Weile gedauert hat, bis es mir gelang, nicht mehr mit den Zähnen zu klappern. Wenn ich daran denke, wie kalt mir war, tun mir aufrichtig alle die armen Menschen leid, die ich, nur mit leichten Baumwollkleidern geschützt, gesehen habe.

David Roberts R.A.
Obelisk of Heliopolis. 1839

David Roberts R.A.
L. Haghe, Lith:
The Nilometer, Island of Rhoda.

Der Nilometer auf der Insel Roda

Abbildung 117

21. - 22. Januar 1839

Obwohl Roberts ganz von der Arbeit an seinen Zeichnungen gefangengenommen war, vergaß er darüber doch nicht die umfangreichen Vorbereitungen für die bevorstehende Reise in das Heilige Land.
Einige Tage zuvor hatte er sich mit dem Vizekonsul Walne über die Bereitstellung von vier Kamelen geeinigt, mit denen er Syrien erreichen wollte. Am Morgen des 21. Januar, nachdem er alle bis dahin fertiggestellten Bilder verpackt hatte, erwartete er dann die Ankunft von Walne, um das Geschäft abzuschließen. Die Neuigkeiten, die der Beamte zu berichten wußte, waren für Roberts wie eine eiskalte Dusche, auch weil sie ihn völlig unerwartet trafen: Man hatte nämlich gehört, daß in Jerusalem seit drei Monaten die Pest wütete. Ein Cordon sanitaire war um die Stadt herum errichtet worden, und das bedeutete, daß Roberts der Quarantäne unterzogen worden wäre, hätte er versucht, sie zu besuchen. Im seinem Tagebuch räumte er ein: „Eine Reise in das Heilige Land, ohne Jerusalem zu sehen, wäre, wie England zu besuchen, ohne London zu sehen“
Diese schlechten Neuigkeiten entmutigten ihn ziemlich, aber Oberst Campbell riet ihm, nicht vor dem 24. eine Entscheidung zu treffen, dann nämlich sollte er zuverlässige Angaben über das tatsächliche Ausmaß der Situation erhalten.
Während dieser Wartezeit machte sich Roberts wieder auf Erkundungstouren und kehrte am 22. noch einmal auf die Nilinsel Roda zurück, um den Nilometer zu malen. Dieser Besuch entpuppte sich als weitaus riskanter als erwartet, denn die Anlage war in ein Pulvermagazin umgewandelt worden, zu dem nur diejenigen Zutritt hatten, die zur Wachmannschaft gehörten.
Trotz des Risikos, angeschossen zu werden oder böse von der Mauer zu fallen, war Roberts fest entschlossen, die Aufgabe, die er sich gestellt hatte auch zu Ende zu bringen. Er kletterte also auf die äußere Umfassungsmauer, und von dort oben machte er in aller Schnelle einen Entwurf, den er später an einem sicheren Ort ausarbeiten wollte.
Der Nilometer war um 715 unter den omaijadischen Kalifen erbaut worden, die während des 7. Jh. als Eroberer aus Arabien gekommen waren. Seine Bauart ähnelte derjenigen der Nilmesser, die von den Pharaonen in ganz Ägypten gebaut worden waren, und er übernahm auch die gleichen Funktionen, nämlich den Wasserstand des Nils abzulesen, um daraus die Ernteerträge vorauszusehen und die Höhe der Steuern zu berechnen. Das Bauwerk, so wie es bis heute erhalten ist, wurde im Jahr 861 unter dem abbasidischen Kalifen El-Mutawakkil errichtet.
Dieser in seiner Konzeption wohldurchdachte Nilometer arbeitete auf dem Prinzip dreier miteinander verbundener Rohrleitungen; über der graduierten mittleren Säule befindet sich ein korinthisches Kapitell, die kufischen Schriftzeichen an den Seiten hingegen sind in Ägypten die ältesten bekannten Inschriften in dieser frühen Schrift. Die hölzerne Kuppel ist das Ergebnis einer jüngeren Restaurierung.

Das alte Aquädukt am Ufer des Nils

Abbildung 118

22. Januar 1839

Genau gegenüber der Insel Roda am linken Nilufer stehen die Reste eines antiken Aquädukts mit den charakteristischen Spitzbögen, die in der islamischen Welt der gotischen Architektur um vier Jahrhunderte voraus sind. Diese fünf Kilometer lange Wasserleitung führte das Wasser vom Nil zur Zitadelle. Ihr Verlauf ist in den südlichen Vierteln der Stadt noch über einen langen Abschnitt sichtbar. Nicht weit entfernt von dem von Roberts gezeichneten beeindruckenden Gebäude, in dem sich das Schöpfwerk befand, verlief bis zum letzten Jahrhundert der Khalij, ein Kanal, der das Wasser des Nils zur Bewässerung bis in die westlich von Kairo gelegenen Felder führte. Im Jahr 1899 wurde er zugeschüttet um zu einer der wichtigsten Verkehrsschlagadern der Hauptstadt zu werden, die Sharia Port Said. In der Zeit davor aber füllte sich der Kanal alljährlich, wenn der Wasserstand des Nils als Folge des Hochwassers im Sommer anstieg; in den wärmsten Monaten war seine Oberfläche dann von unzähligen Dahabiehs durchpflügt, den luxuriösen Privatbooten, die früher einmal die heimlichen Laster der reichen Bürger Kairos verbargen. Während der übrigen Zeit des Jahres war die Kanalöffnung durch einen Erddamm verschlossen, um Arbeiten zur Erhaltung des Flußbetts durchführen zu können; der Tag der Öffnung entsprach dem des wichtigsten staatlichen Gedenktages, Fath el-Kahlij, dem Einweihungsfest des Kanals. Der Pascha persönlich überwachte die Zeremonie und die Feierlichkeiten zogen sich über mehrere Tage hin, in einem ausgelassenen Fest mit Musik und Tanz.

David Roberts R.A.
L. Haghe Lith.

Die Kalifengräber und das Mausoleum des Emirs Kurkumas

Abbildung 119

23. - 25. Januar 1839

Jeden Tag zermürbender wurde das Warten auf positive Nachrichten, oder zumindest irgendwelcher Neuigkeiten, die dazu beitragen konnten, die Spannung zu verringern, die sich nach dem Besuch des Vizekonsuls aufgebaut hatte. Roberts vertrieb sich die Zeit, indem er Freunde besuchte und mal mit dem einen, mal mit dem anderen „auf die türkische Art" zu Abend aß. In der Zwischenzeit versuchte John Pell, ihn zu überzeugen, zumindest bis nach Petra – der legendären Hauptstadt des nabatäischen Reiches – mit ihm zu kommen, bevor er nach Palästina und Jerusalem weiterreisen würde. Aber Roberts zögerte, er fürchtete, durch diesen Umweg zuviel Zeit zu verlieren, was ihn vor ein wirtschaftliches Problem gestellt hätte.

In einem klugen Schachzug begleitete Pell an einem Tag den Künstler zum Haus von Linant de Bellefonds, der etwa zehn Jahre zuvor gerade in Petra eine Reihe kostbarer Aquarelle angefertigt hatte. Roberts war davon so überwältigt, daß seine Entschlossenheit spürbar ins Wanken geriet. Am 25. begleiteten Pell und de Bellefonds Roberts auf einer seiner weiteren Exkursionen zu den Kalifengräbern, wo der Maler das Bild malte, welches sich als das letzte, den Bauwerken Kairos gewidmete, herausstellen sollte. Die Lithographie zeigt eine Ansicht des pompösen Grabkomplexes, den der Emir Kurkumas von 1506 bis 1507 hatte bauen lassen.

Die Anordnung der Gebäude und deren Aussehen erinnern so sehr an die Grabanlage des Sultan Kaït Bei, die 25 Jahre zuvor gebaut worden war, daß sie beinahe eine getreue Abbildung des Vorbilds zu sein scheinen. Auch hier steht das Minarett auf der rechten Seite des mit Stalaktiten verzierten Portals, und das Sabil-Kuttab befindet sich links davon. Die Qualität der Verzierungen jedoch liegt deutlich darunter, was vor allem in der Kuppel über dem Mausoleum zum Ausdruck kommt, deren äußere Oberfläche nicht mit filigranem Klöppelwerk bearbeitet ist, sondern mit einer Zickzack-Ornamentik auf der Basis von Rauten.

David Roberts, R.A.
L. Haghe lith.

Eine Gruppe Tänzerinnen

Abbildung 120

26. Januar 1838

Am 26. war immer noch keine Nachricht über die Lage in Jerusalem eingetroffen: Roberts wurde mit jedem Tag immer unentschlossener und unruhiger. An diesem Abend war er zu Gast bei John Pell, reichlich Champagner trug zur guten Stimmung bei und auch die Vorführung einiger anmutiger Tänzerinnen mit großzügigem Dekolleté. Roberts, immer empfänglich für den Zauber der Frauen, zögerte nicht damit, dieses Bild zu verewigen, und die Tatsache, daß gerade dieses Bild unsere Reise nach Ägypten abschließt, läßt im Grunde die Figur des Malers weniger gefühllos erscheinen, als es uns die viktorianischen Moralvorstellungen und die sittsame Tochter glauben machen wollen. Die Tage wurden immer feuchter und ungemütlicher, auch wenn am Morgen des 28., als endlich die Bestätigung eintraf, daß sich in Jerusalem die Situation rasch verbesserte und der Cordon sanitaire gelockert worden war, das Wetter schön war. Da sich auch die finanziellen Sorgen dank eines großzügigen Darlehens von 40 Pfund vom Vizekonsul in Alexandria zerstreut hatten, willigte Roberts endlich ein, Pell nach Petra zu begleiten. Der Expedition sollte sich auch John Kinnear, Sohn eines Bankiers in Edinburgh, anschließen, der eine so tiefe und dauerhafte Freundschaft zum Maler schloß, daß er ihm sogar einen Band der im Jahr 1840 veröffentlichten Reisememoiren widmete. Die bis nach Syrien vorgesehene Reiseroute umfaßte die Sinaihalbinsel, Petra und natürlich Jerusalem. Pell versprach, in acht Tagen reisebereit zu sein, und Roberts beschloß, nachdem er mit dem beflissenen Ismail Vereinbarungen über die Abreise getroffen hatte, noch einmal die Ausrüstung zu überprüfen und ein Ölbild der Stadt zu malen, welches er nach seiner Rückkehr in die Heimat einem Freund schenken wollte. Am 29. überreichte ihm Oberst Campbell zwei Empfehlungsschreiben für die Konsuln von Jerusalem und Damaskus, außerdem einen vom Pascha ausgestellten Passierschein. Nachdem er die letzten Vorbereitungen getroffen und sich von seinen Freunden verabschiedet hatte, machten sich Roberts und seine neuen Gefährten am 6. Februar auf den Weg nach Suez zu neuen Abenteuern. Aber das ist, wie man so schön sagt, eine andere Geschichte.

David Roberts R.A.
L. Haghe, lith

Alle Fotografien in diesem Band stammen von Antonio Attini, ausgenommen folgende Aufnahmen:

Marcello Bertinetti/Archiv White Star: Seiten 24-25.

Giulio Veggi/Archiv White Star: Seiten 113 oben, 128 unten, 158, 251 oben.

Laura Accomazzo: Seite 51 oben.

Barry Iverson: Seiten 207, 211 oben, 218, 224 unten, 226, 243 unten, 260.

Alle Lithographien in diesem Band sind von der Library of Congress in New York, mit Ausnahme der folgenden:

Bernard Shapero/Rare Books Private Collections: Seiten 26-27, 76-77, 106-107, 146-147, 166-167, 172-173, 176-177, 178-179, 180-181, 182-183.

By Courtesy of the Board of Trustees of the Victoria and Albert Museum, London:
Seiten: 116, 124-125, 176-177.